职业教育旅游与酒店管理系列教材

餐饮营销

主编　陆　朋　鲍晓宁　周静莉

中国财富出版社有限公司

图书在版编目（CIP）数据

餐饮营销 / 陆朋，鲍晓宁，周静莉主编 . — 北京 : 中国财富出版社有限公司 , 2023.9
（职业教育旅游与酒店管理系列教材）
ISBN 978-7-5047-7981-6

Ⅰ . ①餐…　Ⅱ . ①陆… ②鲍… ③周…　Ⅲ . ①饮食业—市场营销学—职业教育—教材　Ⅳ . ① F719.3

中国国家版本馆 CIP 数据核字（2023）第 175402 号

策划编辑 李　丽　**责任编辑** 刘　斐　钮宇涵　郭怡君　**版权编辑** 李　洋
责任印制 梁　凡　**责任校对** 孙丽丽　**责任发行** 杨　江

出版发行 中国财富出版社有限公司
社　　址 北京市丰台区南四环西路 188 号 5 区 20 楼　**邮政编码** 100070
电　　话 010-52227588 转 2098（发行部）　010-52227588 转 321（总编室）
010-52227566（24 小时读者服务）　010-52227588 转 305（质检部）
网　　址 http：//www.cfpress.com.cn　**排　　版** 宝蕾元
经　　销 新华书店　**印　　刷** 宝蕾元仁浩（天津）印刷有限公司
书　　号 ISBN 978-7-5047-7981-6/F · 3646
开　　本 787mm × 1092mm　1/16　**版　　次** 2024 年 4 月第 1 版
印　　张 13　**印　　次** 2024 年 4 月第 1 次印刷
字　　数 269 千字　**定　　价** 39.00 元

前　言

疫情的消退促进了人们的出行和消费，这对餐饮业来讲是一个新的机遇，同时，党的二十大报告指出，要推进健康中国建设。目前餐饮业已经成为促消费、惠民生、稳就业的重要领域。我国餐饮业要快速适应新的发展要求。面对新形势下的机遇与挑战，餐饮企业需要创新经营和科学管理，才能在竞争中取得成功。

餐饮企业营销活动的顺利、有效开展，需要优秀的营销管理者和工作人员。本书旨在培养符合旅游、酒店及餐饮企业发展需求的营销人员，以适应新形势下旅游、酒店及餐饮行业的发展。本着为我国餐饮行业的人才培养提供理论依据和技能指导的初衷，陆朋等多位教师在长期从事相关课程教学和研究的基础上，广泛吸收新观点、新思想，特编写本教材。

本教材针对餐饮营销的特点及就业岗位需要，以现代营销理论为指导，将市场营销理论与餐饮企业经营运作紧密结合，按照餐饮营销实际流程，选择营销活动中的典型工作内容和必备能力，分模块编写内容，有利于教师组织课堂教学和学生系统学习。本教材在设计方面以案例导入、案例分析、知识准备、小知识、实训项目及复习思考题等形式引发学生的积极探索、主动思考，进而帮助学生掌握知识、加强记忆，增加教学感知的同时也丰富了知识的趣味性。为使本教材更加完善，进一步适应现代餐饮市场快速发展的要求，编者们经广泛调研和多次探讨，选取了餐饮行业热门品牌和前沿案例，以便较为准确地反映餐饮行业最新发展状况。本教材可以作为高校旅游管理、酒店管理与数字化运营专业的教材或参考书，也可作为酒店餐饮行业管理营销人员的培训用书。

本教材共设九章，包括餐饮营销概述、餐饮营销环境分析、餐饮市场调研、餐饮目标市场策略、餐饮产品策略、餐饮产品价格策略、餐饮营销渠道策略、餐饮促销策略、餐饮营销策划。

本书由河北师范大学陆朋、河北传媒学院鲍晓宁、河北师范大学周静莉担任主编。参与本书编写的撰稿人（含所在院校）及其分工如下。

第一章餐饮营销概述：陆朋、罗世贤，河北师范大学；

第二章餐饮营销环境分析：鲍晓宁，河北传媒学院；

第三章餐饮市场调研：鲍晓宁，河北传媒学院；

第四章餐饮目标市场策略：鲍晓宁，河北传媒学院；

第五章餐饮产品策略：周静莉，河北师范大学；

第六章餐饮产品价格策略：鲍晓宁，河北传媒学院；

第七章餐饮营销渠道策略：王孟尚，河北师范大学；

第八章餐饮促销策略：侯旭东，河北师范大学；

第九章餐饮营销策划：毕凯旋，河北师范大学。

本教材在编写、修订过程中，参考了国内外同行的许多观点和文献，得到了很多人的帮助与支持，在此深表感谢。本教材是各高等院校相关专业教师倾力合作的结晶，由于编写时间仓促和作者水平有限，书中如有不足之处，恳请广大读者批评指正，以便进一步修改和完善。

编者

2023 年 4 月

扫码获取

➤ 习题答案

➤ 电子课件

目　录

第一章　餐饮营销概述

学习目标

本章作为《餐饮营销》的开篇，旨在呈现一个全面、系统的学科体系。通过本章的学习，学生应了解餐饮营销的含义，正确理解餐饮营销的特点，掌握餐饮营销的观念，了解餐饮营销发展的新趋势，能够运用4P营销理念和4C营销理念对餐饮企业的营销活动进行分析，尤其要能够有针对性地对餐饮企业的近期营销重点进行分析。

关键概念

餐饮营销　餐饮营销观念　餐饮网络营销　餐饮绿色营销　餐饮服务营销　餐饮文化营销　餐饮关系营销　餐饮连锁营销　餐饮营销组合 4P 4C

案例导入

老娘舅——致力标准化、稳定性、快捷化运营

2000年，老娘舅餐饮股份有限公司在浙江湖州开设了第一家“老娘舅”试验店，以“老娘舅”品牌标准化、高品质的中式快餐为主营业务。该公司坚持“米饭要讲究，就吃老娘舅”的品牌定位，遵循“江南特色、家常特点、老娘舅属性”的品牌理念，对传统餐品的“色、香、味、形、口感”进行了标准化、规模化的研究与改进，形成了以江南口味为特征、米饭套餐为代表、兼顾多元美食餐品的“老娘舅”品牌。

该公司创新性地开发了以招牌米饭、中餐主菜为主，以汤羹、蔬菜及小吃为辅的堂食套餐与外卖简餐产品，并借助自主及定制开发的专用厨房设备，亲切、整洁的门店服务，高效、安全的外卖配送，满足了消费者多场景、早中晚各时段的用餐需求。

截至2021年年底，该公司在长三角区域共开设了388家“老娘舅”品牌连锁中式快餐门店（直营364家，加盟24家），成为该区域门店规模较大、标准化程度较高的中

式快餐品牌，并形成了较高的市场知名度和品牌影响力。

（资料来源：深耕长三角的中式快餐，老娘舅:致力标准化、稳定性、快捷化运营，有改动。）

案例分析

餐饮营销的特殊性之一是餐饮质量具有波动性，这是由餐饮生产的客观实际决定的。在餐饮营销过程中实施和强调标准化生产，是应对这一情况的根本途径。标准化生产的具体途径有很多，菜品生产的标准化是现阶段切实可行的标准化途径之一。老娘舅的做法值得其他中式快餐企业借鉴。

餐饮企业的营销活动是在特定的营销观念指导下进行的，它代表了一家餐饮企业的经营态度和经营方式。餐饮企业的营销观念直接影响着餐饮企业营销策略的制定，制约着餐饮企业、消费者和社会三者之间的关系，关系到餐饮企业市场的开拓。只有了解了现代餐饮企业营销观念及其发展过程，树立正确的营销观念，才能应对激烈的市场竞争。

知识准备

第一节　餐饮与餐饮营销

改革开放40多年来，我国餐饮业初步形成了投资主体多元化、经营业态多样化、经营方式连锁化、品牌建设特色化、市场需求大众化、从传统产业向现代产业转型的发展新格局。当前我国餐饮业呈现出蓬勃发展的良好态势。

国家统计局发布的数据显示，2022年12月，全国餐饮收入4157亿元，同比下降14.1%；限额以上单位餐饮收入882亿元，同比下降17.8%。2022年1—12月，全国餐饮收入43941亿元，同比下降6.3%；限额以上单位餐饮收入10650亿元，同比下降5.9%。中国烹饪协会分析，2022年全年，全国餐饮收入增速、限额以上单位餐饮收入增速分别相较上年下降24.9%、29.4%。2022年，餐饮行业受疫情影响较为严重，自2022年12月之后，随着疫情防控措施落地，各地餐饮业才开始逐步回归正轨。餐饮业经受住了疫情冲击、国内经济下行等多重考验，充分展现了餐饮经济韧性强、潜力大、活力足等特点。

一、餐饮的含义

《辞海》将“餐”解释为“吃”或“饭食”，将“饮”解释为“喝”或“饮子

（汤药），今亦指饮料”。如此说来，餐饮就是吃、喝两种行为，或饭食和饮料两种产品。

在改革开放之前，中国的酒楼称饮食店，餐饮业称饮食业。随着饭店的增多，诞生了餐饮一词。据说餐饮来源于餐馆（Restaurant）一词，按照法国百科大辞典的解释，Restaurant是“使人恢复精神与气力”的意思。可以帮人恢复精神、缓解疲劳的方法，不外乎进食和休息。于是西方人开始以Restaurant为名称，在特定场所提供餐食、点心、饮料，使人们在此场所中得到充分休息，恢复精神。这就是西方餐饮的雏形。

由此可见，餐饮业是一个历史悠久的行业，是指利用餐饮设备、场所和餐饮原料，从事饮食烹饪加工，为社会服务的生产经营性服务行业。古今中外，餐饮业为人们提供饱食就餐服务的社会职能并没有改变。随着社会生产力的迅速发展，生活水平的不断提高，各个领域的交流日益频繁，家务劳动社会化程度日益提高，人们旅游和休闲的时间增加，现代餐饮业也发生了极大的变化，正朝着设备先进、环境优美、产品特色突出、服务质量优良的方向发展。同时，餐饮业的发展也反映着一个地区或国家在开发和利用自然资源方面的能力，标志着一个国家和民族的物质文明和精神文明程度。

小知识

餐饮行业分类

按照《国民经济行业分类（GB/T 4754—2017》，餐饮行业分类如表1-1所示。

表1-1 餐饮行业分类

代码				类别名称	说明
门类	大类	中类	小类		
H	62			餐饮业	指通过即时制作加工、商业销售和服务性劳动等，向消费者提供食品和消费场所及设施的服务
		621	6210	正餐服务	指在一定场所内提供以中餐、晚餐为主的各种中西式炒菜和主食，并由服务员送餐上桌的餐饮活动
		622	6220	快餐服务	指在一定场所内或通过特定设备提供快捷、便利的餐饮服务
		623		饮料及冷饮服务	指在一定场所内以提供饮料和冷饮为主的服务

续表

代码				类别名称	说明
门类	大类	中类	小类		
			6231	茶馆服务	
			6232	咖啡馆服务	
			6233	酒吧服务	
			6239	其他饮料及冷饮服务	
		624		餐饮配送及外卖送餐服务	
			6241	餐饮配送服务	指根据协议或合同，为民航、铁路、学校、公司、机关等机构提供餐饮配送服务
			6242	外卖送餐服务	指根据消费者的订单和食品安全的要求，选择适当的交通工具、设备，按时、按质、按量送达消费者，并提供相应单据的服务
		629		其他餐饮业	
			6291	小吃服务	指提供全天就餐的简便餐饮服务，包括路边小饭馆、农家饭馆、流动餐饮和单一小吃等餐饮服务
			6299	其他未列明餐饮业	

资料来源：GB/T 4754—2017，国民经济行业分类。

二、餐饮营销的含义

餐饮营销是在餐饮市场上实现的营销活动，以满足消费需求和获得最大利润为核心。即餐饮营销是指餐饮企业为使消费者满意，并实现餐饮经营目标而开展的一系列有计划、有组织的活动。餐饮营销各环节、各层次的工作都是围绕餐饮市场开展的。餐饮营销是餐饮企业经营管理的核心，是一个系统的工作过程。

三、餐饮营销的特点

餐饮产品的营销与一般商品的营销不同，餐饮营销具有以下特点。

餐饮营销是一种餐饮产品和服务的交换活动，是一种社会性的管理活动。

餐饮营销是以满足消费者需求为出发点和归宿点的交换活动，因此满足消费者需求是餐饮营销的核心。

餐饮营销是一个完整的过程，而不是一些支离破碎的零星活动，更不是零碎的推销活动。

第二节　餐饮营销观念

营销观念被誉为“商业营销之魂”。餐饮营销活动总是在一定的营销观念指导下开展的，因此餐饮经营的效果受制于餐饮企业的营销观念。了解餐饮营销观念及其发展过程，对餐饮企业更新观念、加强营销管理具有重要的意义。

餐饮营销观念是餐饮企业经营管理活动的指导思想，制约着餐饮企业经营活动的方向、方式和结果。

餐饮营销观念随着餐饮活动的发展经历了一系列演变。餐饮营销观念经过了以下几个发展阶段。

一、生产观念

生产观念形成的背景是餐饮产品供不应求，消费需求在数量上不能得到及时满足。此时，消费者的主要关注点是餐饮产品的有无，消费者之间会形成竞争；对于企业而言，餐饮产品没有销售的障碍，它们只需要关心是否能大量生产产品，而不用关心消费者是否需要。

（一）生产观念的内容

生产观念的内容表现为“餐厅能提供什么就销售什么”。这是一种较传统的营销观念。

（二）在生产观念指导下的餐饮企业经营行为

这一营销观念指导下的餐饮企业经营行为，就是想方设法扩大生产能力，大量组织生产。为降低生产成本，获得更多的利润，企业通常会减少产品的品种，扩大同种产品的生产规模，以取得规模效益。所以，这一时期的餐饮供应品种单调，服务项目单一。

二、产品观念

随着社会生产规模的扩大，餐饮产品的供给数量增加，供求关系得到一定程度的缓和，消费者对餐饮产品的选择要求逐渐增强。他们不再仅仅追求数量的满足，而开始以质量和价格作为选择产品的基础。在这一背景下，企业的经营理念也随之发生变化，产生了产品观念。

（一）产品观念的内容

产品观念的内容表现为“消费者喜欢高质量的菜品、设施和服务，因此餐饮企业要做的工作就是提供上述东西”。

（二）在产品观念指导下的餐饮企业营销行为

持这种营销观念的管理人员致力于为消费者提供所谓物美价廉的餐饮产品，注重菜品、服务、设施、环境等方面的改进和提高等。但由于他们没有意识到消费需求正在发生变化，没有切实关注消费需求，因此很容易造成“营销短视症”的弊端，即餐饮企业迷恋于自己的产品，看不到消费需求的变化，缺乏有针对性的销售推广。事实上，实践很快就证明了，并非物美价廉的产品都是畅销品。

小知识

营销近视症

营销近视症，是西奥多·莱维特（Theodore Levitt）在1960年提出的一个营销理论，他在《哈佛商业评论》发表的一篇关于标准石油公司的文章中指出，企业在拟定策略时，过于迷恋自己的产品，把注意力放在产品上或技术上，而不是放在市场上，即企业致力于生产优质产品，并不断精益求精，却不太关心产品在市场上是否受欢迎，不关注市场需求变化，过于重视生产，就会忽略市场营销。企业在市场营销中以产品作为导向，而非以市场作为导向，会致使企业将市场定义得过于狭隘，使得产品销售量每况愈下，进而使企业丢失了市场，丧失了竞争力。

三、推销观念

这一市场营销观念产生的直接背景，是生产规模继续扩大，市场上的餐饮产品供给数量进一步增加，餐饮企业间的竞争日趋激烈，原本较为顺畅的销售环节出现了较大的阻碍。在实践中，餐饮企业感到只有物美价廉的产品已经不足以吸引消费者，必须在推销上花很大的工夫才能卖出更多的餐饮产品。餐饮企业担心的已不再是如何大量生产，而是如何推销。于是，有关推销的各种研究应运而生，餐饮企业越来越注重推销队伍的建设，推销观念成为企业主要的指导思想。

（一）推销观念的内容

推销观念认为，餐厅一方面要创新菜品、增加设施、改进服务，另一方面还需要加强推销。

（二）在推销观念指导下的餐饮企业营销行为

这一阶段，餐饮企业虽然已经认识到，产品的销售有困难，必须在经营中予以重视，但是餐饮企业将产品销售困难的原因归于有太多竞争者，没有意识到真正的原因来自消费者需求的变化。餐饮企业的一切营销活动，包括打折、赠送或其他促销活动，都只是把产品推销出去，而对产品是否满足消费者的需求漠不关心。因此，推销导向观念的弊端是没有把消费者的需求放在第一位，推销工作只是从自身利益出发，难以形成长期竞争优势和知名品牌。

四、市场营销观念

市场营销观念产生于20世纪50年代，它的出现是企业营销观念史上的一场变革。第二次世界大战结束后，在消费者和竞争者的双重压力下，企业意识到，只有了解消费者需求并满足他们的需求，企业才能够顺利生存和发展。在这个时候，市场营销观念成为主流。

（一）市场营销观念的内容

市场营销观念在餐饮企业经营中表现为以下内容：满足消费者的需求是餐饮企业一切工作的核心，企业不是考虑什么可供销售，而是考虑消费者需要什么。“消费者第一”是这一观念的直接体现。

（二）市场营销观念的两个核心

从产生的背景可以看出，市场营销观念有两个核心：一是消费者观点，即从消费者的角度出发，满足消费需要；二是竞争，企业在满足消费需求的同时，要使自己的产品在与竞争者的竞争中取得优势。在市场营销观念指导下，餐饮企业的营销活动一方面要盯着消费者，另一方面要盯着对手。

五、社会市场营销观念

社会市场营销观念是20世纪70年代以后形成的营销观念。由于社会生产的进一步发展，以及消费需求的进一步多样化，企业在满足消费需求的同时，出现了浪费社会资源、污染环境等行为，损害了消费者利益，损害了社会利益。比如，消费者喜好野味，有的餐饮企业为满足这种需求、追逐企业利润，不惜大量捕猎野生动物，破坏生态环境。又如，为满足消费者日益增长的用餐需求，有的餐饮企业大量采用存在过量有害物残留的农副产品原料，直接损害了消费者的利益。因此，20世纪70年代后，在世界范围内兴起了消费者权益保护和环境保护运动。在这种背景下，企业不得不对自己的营销行为进行调整，由此产生了社会市场营销观念。

社会市场营销观念的内容是，企业的营销行为应寻求企业利益、消费者利益和社会利益的和谐统一。餐饮企业的生产和经营应满足消费者的需求，同时注意把企业利益、消费者利益和社会利益密切结合起来。这是现代餐饮企业可持续发展的正确指导思想。

餐饮企业发起的不销售野生动物的联合签名行动、积极参与绿色餐饮企业认证的行为、推行ISO 14001标准的行为，都是社会市场营销观念的具体体现。

小知识

国际标准化组织

国际标准化组织（International Organization for Standardization，ISO）成立于1947年，是标准化领域中的一个国际组织，该组织自我定义为非政府组织。ISO来源于希腊语“ISO S”，其意为“平等”。将“ISO”作为组织名称的思路就显得很顺理成章。

ISO 现有170个成员，包括各会员国的国家标准机构和主要工业和服务业企业，中国国家标准化管理委员会（由国家市场监督管理总局管理）于1978年加入ISO，在2008年10月的第31届国际化标准组织大会上，中国正式成为ISO 的常任理事国。

ISO 负责当今世界上多数领域的标准化活动，现已制定出国际标准共25151 多个，主要涉及各行各业各种产品（包括服务产品、知识产品等）的技术规范。

ISO 9000标准是国际标准化组织（ISO）制定并颁布的有关质量管理的国际标准。我国已全部将其转化为国家标准。ISO 族标准在各种性质、各种规模的行业和组织中具有广泛的适用性，它已有近20个标准，其中ISO 9001和ISO 9004是核心标准。

ISO 14000是国际标准化组织（ISO）从1993年开始制定的系列环境管理的国际标准的总称。它由环境管理体系、环境行为评价、生命周期评估、环境管理、产品标准中的环境因素等部分组成，为各行业、各类组织的环境管理提供了一整套科学管理体系，体现了市场经济条件下环境管理的要求。

ISO 22000 是一种建立在良好操作规范（GMP）和卫生标准操作规程（SSOP）基础之上的控制危害的预防性体系，它的主要控制目标是食品的安全性。ISO 22000 既是描述食品安全管理体系要求的使用指导标准，又是可供食品生产、操作和供应的组织认证和注册的依据。

（资料来源：国际标准化组织.百度百科，有改动）

生产观念、产品观念、推销观念属于传统营销观念，这些观念以产品为中心。以传统营销观念作为指导的餐饮企业主要考虑的是产品，不是消费者，并且把市场看作生产和销售过程的终点。市场营销观念、社会市场营销观念属于现代营销观念，这些观念是以消费者为中心。以现代营销观念作指导的餐饮企业首先考虑的是消费者，根据消费需求设计、生产市场需要的餐饮产品，并对市场营销因素进行合理有效的组合，制定出既满足消费需求又有利于餐饮企业长期发展的营销策略。

传统营销观念与现代营销观念的比较如表1–2所示。

表1–2　传统营销观念与现代营销观念的比较

观念类型		出发点	观念前提	主要任务	指导思想	产生时间	适用环境
传统营销观念	生产观念	生产能力	物以稀为贵	以量取胜	以产定销	20世纪20年代以前	卖方市场
	产品观念	生产能力	物以优为贵	以质取胜	以产定销	20世纪20年代左右	卖方市场
	推销观念	生产能力	推销取胜	强力推销	以产定销	20世纪50年代以前	卖方市场向买方市场过渡
现代营销观念	市场营销观念	市场需求	消费者第一	需求管理	以销定产	20世纪50年代中期	买方市场
	社会市场营销观念	兼顾社会、企业与消费者利益	内部环境、外部环境、营销目标动态平衡	战略性市场营销管理	企业优势与市场需求统一	20世纪70年代以后	买方市场

每种营销观念的产生和存在都有其历史背景和必然性，是与一定的社会经济发展水平和市场条件相联系或相适应的，是在商品经济不断发展和市场营销实践经验不断积累的基础上逐步发展和完善起来的。餐饮企业为了生存和发展，必须树立具有现代意识的市场营销观念、社会市场营销观念。

第三节　餐饮营销发展趋势

营销方式到了20世纪90年代以后，出现了许多新变化。餐饮营销的观念也日益发展。随着信息技术的发展与网络的普及，产生了餐饮网络营销的观念；随着人们对绿色产品喜好和对环境保护关注的程度增加，出现了餐饮绿色营销的观念；随着知识经济时代的到来，诞生了餐饮文化（知识）营销的观念。此外，还出现了餐饮关系营销、餐饮连锁营销等观念。

一、餐饮网络营销

随着信息技术的迅猛发展与网络的普及，网络营销对消费者、中间商、餐饮企业都产生了巨大的影响。通过网络开展餐饮营销，网络营销成为餐饮企业开展营销的新方式。

（一）网络营销的作用

1. 进行品牌建设

餐饮企业通过网络，以文字、图片、声音、影像等多媒体方式，全面、详尽地展示餐饮产品的特色和餐饮企业的形象，建立品牌并提升品牌的认知度。

2. 与消费者直接交流

网络是一个全球性的宣传媒介，具有宣传册的鲜艳色彩、多媒体技术的动态效果、实时更新的信息效率和检索查询的交互功能。交易双方可以采用标准化的合约、单据、发票等进行即时传递和自动处理，在网上直接办理商谈、下单、支付结算等手续，从而缩短交易时间，有效地提高跨地域交流的效率。另外，通过应用软件，餐饮企业可以及时解答消费者提出的问题。

3. 进行直接销售

消费者通过网络能够获得餐饮企业介绍、餐饮产品价格等相关信息，能够进行在线咨询、餐饮预订等活动，实现线上交易。这能够有效促进餐饮企业与消费者之间的互动，从而降低交易成本，提高交易效率，增强品牌影响力。

4. 进行市场营销调查

餐饮企业可以通过开展网上调查、售后服务、消费者意见收集等工作，充分了解消费者对餐饮企业的意见和建议，从而不断提高自身的竞争力。

（二）餐饮网络营销渠道的实现方式

1. 餐饮企业网站

餐饮企业既可以通过建立自己的网站或网页向公众展示自己的餐饮产品和服务，也可以开发网上预订业务，这样消费者可以通过网络获得所需的餐饮信息。

2. 旅游营销信息系统

旅游业是较早使用计算机提供服务的行业之一。相关调查表明，20世纪70年代，全球使用计算机的酒店不到10家。发展至今，三星级以上酒店的计算机使用率基本达到百分之百，为旅游市场营销信息系统的建立和普及奠定了基础。旅游营销信息系统的具体应用分为三个阶段，其标志分别为HMS、CRS和GDS。

HMS（Hotel Management System）指酒店管理系统。最早的HMS为单机系统，主要用于处理预订和结算。20世纪80年代初实现联机，80年代末实现服务、管理、监控一体化。

CRS（Central Reservation System）即中央预订系统，是指旅游企业为控制客源采用的本企业内部的计算机预订系统。该系统在不同的旅游市场区域和成员企业内设立预订终端，通过互联网、电话、传真等方式向消费者销售每一个成员企业的产品。同时，这些销售终端又通过专门的计算机网络相互连通，与预订中心相连接，使每一个成员企业都可以通过旅游中心预订系统，获得其他成员企业的旅游产品和服务信息、价格信息等。该系统一般是由大型旅游企业集团开发、建立并拥有，目的是通过统筹安排，最大限度地发挥其下属成员企业的能力，并使之形成整体合力，从而降低集团运行成本。1970年ITT喜来登（Sheraton）是建立了世界上第一套计算机预订系统。

GDS（Global Distribution System）是指全球分销系统，是大型航空旅游信息系统，最初以航班订位为主要经营业务，后来发展为同时向饭店、度假村、汽车租赁公司、铁路公司、轮船公司等行业提供预订和市场营销综合服务的销售系统。各个GDS系统均依托自己的计算机预订系统，通过国际航空电信协会（简称SITA）的通信专网，将加入GDS的“卖方”（Vendor）——饭店、航空公司等产品（服务）的提供者和加入GDS的“代理方”（Agent）——遍布全球的旅游代理商，连成一个旅游专业网络系统，并通过后者实现对“最终用户”（Consumer）——世界各地旅游者的销售。

后两种系统的建立和维护都需要较高费用，因此，它们只适用于具有一定实力的餐饮企业。

二、餐饮绿色营销

现代营销观念要求企业不但要重视消费者的需求，也要重视社会公众的一些共同需要或利益，如生态环境和社会环境的保护等。社会市场营销观念中保护生态环境的营销就是所谓的“绿色营销”。

（一）绿色餐饮发展情况

国内餐饮企业已经意识到绿色产品是当今消费市场的宠儿，开始规划自己的绿色行为，竞相开发绿色产品，创立自身绿色形象，以给企业带来经济效益和社会效益。

有资料表明，绿色食品的售价比同类非绿色食品高30%~100%。餐饮企业通过推出绿色餐厅可以处理好消费需求、企业利润和环境保护之间的矛盾，实现消费者利益、企业利益、社会利益的统一和协调发展。

近年来，随着世界各国人民环保意识的日益增强，全球掀起了绿色消费潮流。绿色消费品之所以备受人们青睐，是因为它迎合了人们强身健体的心理需求，毋庸置疑，这将为餐饮企业带来许多机会、利益。为此，餐饮企业要关注环境，保护生态，满足消费者不断增长的需求，创建绿色餐厅。

小知识

绿色食品

绿色食品，是指产自优良生态环境、按照绿色食品标准生产、实行全程质量控制并获得绿色食品标志使用权的安全、优质食用农产品及相关产品。

为了和一般的普通食品区别开，绿色食品有统一的标志。绿色食品标志图形由三部分构成：上方的太阳、下方的叶片和中间的蓓蕾。标志图形为正圆形，意为保护、安全。颜色为绿色，象征着生命、农业、环保。

绿色食品标志、文字和使用标志的企业信息码，共同组成了绿色食品标志系列图形。该系列图形应严格按规范设计，出现在产品包装（标签）的醒目位置，且和整个包装（标签）保持一定的比例关系。绿色食品标志系列图形的底色为白色时，图形和文字应为绿色。

企业信息码（GF××××××××××××）是中国绿色食品发展中心赋予每个绿色食品企业的唯一数字编码，应与《绿色食品标志使用证书》上的企业信息码相一致，并在产品包装上体现。企业信息码之下，可标注“经中国绿色食品发展中心许可使用绿色食品标志”字样。

绿色食品标志系列图形的形式之一如下所示。

随着我国人民生活水平的提高和消费理念的转变，无污染、安全的绿色食品越来越受到人们的青睐。未来，绿色食品无论在国内还是国外，开发潜力都巨大。

（资料来源：百度百科，有改动。）

（二）发展绿色餐饮的策略

1. 培育绿色文化，树立绿色观念

绿色文化的核心是强调对社会和环境的责任，以实现人与自然、人与人之间的和谐。将环保目标与餐饮企业经营管理目标融为一体，鼓励员工节约资源，保护环境，树立餐饮企业绿色形象。

2. 创建绿色餐厅，使用绿色食品

增加餐厅装修和物品的“绿色”含量，如使用环保餐具和绿色食品。绿色食品是无污染、安全、优质、天然、有营养的食品。要最大限度地限制化学合成物在食品制作中的使用量；食品开发不得破坏生态环境，如菜肴中不得涉及珍稀野生动植物；食品分量适中，避免浪费；控制和处理污水、废油和废气的排放。

3. 采用节能设备

安装节能设备，如节能灯、感应水阀、限能系统等。

4. 开展绿色营销

强化与绿色价格、绿色渠道、绿色促销的配合，吸引消费者，增加产品的市场覆盖率。

小资料

轻食餐厅

“轻食”不是指一种特定的食物，而是餐饮的一种形态，轻的不仅仅是指食材分量，更是食材烹饪方式简约，保留了食材的本来营养和味道。让食用者的营养摄取无负担，无压力，更健康。简约而不简单，注重饮食健康，是此类餐饮的主要特点。

“轻食”一说，最早是从欧洲而来的。在法国，午餐的Lunch正具有轻食的意味；此外，常被解释为餐饮店中快速、简单食物的Snack，也是轻食的代表字眼之一。所以说，轻食的另一个含义则是指简易、不用花太多时间就能吃饱的食物。果腹、止饥、分量不多，可以说是“轻食”的初始概念，三明治是最佳代表。这几年，生菜、色拉登上了健康轻食食谱，接着流行的是汤品，低糖、低脂、低盐更是被奉为汤品准则。

轻食餐厅的特点是，店面不大，店里没有嘈杂的人群，不见富丽堂皇的大厅，餐桌少则十来张，多则三四十张。轻食餐厅所提供的菜肴多是家常小菜，分量不大，味道清淡，讲的就是个清新、自然，很受客人喜欢。轻食餐厅的环境清新雅致，菜肴低盐、低糖、低脂，这对腻烦了吃大餐的时尚人士来说，是一种不错的选择。

（资料来源：百度百科，有改动。）

三、餐饮文化（知识）营销

餐饮文化营销是一种结合了餐饮业务和文化元素的营销策略。在此类营销活动中注重弘扬中华饮食文化。饮食文化，是指餐饮业的产品文化，是在一定历史时期，餐饮业某一类或某一种菜品在色、香、味、形等方面以及在制作和享用过程中形成的具有文化内涵的特征。

（一）餐饮文化营销的策略

餐饮文化营销的策略主要有以下几点。

1.弘扬中华饮食文化

弘扬中华饮食文化，就是餐饮业不断地挖掘、继承和发扬历史上形成的饮食文化，并将饮食文化用于营销之中。

2.进行文化包装

文化包装，就是营造文化环境。例如，始创于1875年（清光绪元年）的上海老饭店，几乎每面墙上都悬挂着上海开埠以来不同阶段的老照片，使人仿佛置身于旧时的上海。上海老饭店三楼的包房区域，借用有轨电车和旧时招牌等道具向宾客传递了老上海独有的韵姿，勾起人们对老上海的向往。细观记录申城八景的一幅幅画卷，令人不禁沉浸其中，浮想联翩。

餐饮环境的许多要素，如地段、建筑外观、周边环境、内部装修、布局、气味、灯光、音响、餐桌、餐具、楹联、菜单、人员、气氛等，可以对其进行文化包装。城市文化是许多大城市的餐饮企业喜欢借用的；乡土文化是不少跨地区和跨国营销的餐饮企业借用的；旅游文化是许多旅游城市或景点的餐饮企业借用的。

3.开展文化促销活动

餐饮业的文化促销活动主要有举办美食节和举办地方文化体验活动等。

餐饮企业可根据灵活性、多样性、广泛性、文化性和周密性等原则举办美食节活动，展示不同地区的饮食文化。

餐饮业文化促销活动的另一个主要方式是举办地方文化体验活动。餐饮企业在营销过程中可推出地方特色菜品，进行当地手工艺品展示等，为消费者带来既有趣又有价值的体验。

（二）餐饮知识营销的策略

餐饮业的知识营销是培养和增强餐饮人员的知识素养，利用知识和信息来吸引消费者和满足消费者的需求。餐饮知识营销的策略是实行餐饮产品、餐饮环境、餐饮生产、餐饮创新和餐饮人才的知识化，打造知识产品、重视和保护知识产权、营造知识环境、融入知识生产、坚持知识创新、重视知识传播。

1.打造知识产品

餐饮产品应当融入食品科学、营养学等科学知识以及与产品有关的历史典故、乡土文化等人文知识，成为既满足消费者物质享受需求，又满足消费者知识（精神）享受需求的知识产品。例如，全聚德烤鸭现在非常讲究营养搭配，而不是单纯地追求口感。

现代餐饮业应重视有关餐饮产品营养、食材搭配等方面的知识，并在营销中宣传和介绍这些知识。

2.重视和保护知识产权

餐饮业应当重视和保护知识产权，提高所有产权中知识产权的比例。餐饮业可以利用注册品牌保护餐饮知识产权。例如，上海著名的小绍兴白斩鸡的制作方法已经以店牌的名义注册封存，从而达到保护知识产权的目的。福建的沙县小吃，具有独特的加工工艺和风味，在福建乃至全国各地很受欢迎，可是在众多的沙县小吃店中有不少假冒者。后来，正宗的沙县小吃进行了商标注册，保护自己的知识产权。

除此之外，餐饮业还可以利用专利保护知识产权。北京金三元酒家以一道菜——“扒猪脸”申报并获得中国首例菜肴发明专利，开创了中国餐饮业菜肴申请专利历史的先河。

3.营造知识环境

餐厅应当尽量营造知识环境，满足消费者用餐时的精神需求。

现在许多饭店使用电脑点菜和小程序点菜，就是把科技引入用餐环境。西班牙伊比萨岛的Hard Rock酒店有一家号称全球最昂贵的餐厅——Sublimotion，其在2015年开门营业，一顿饭人均约2000美元，而且每年仅仅在6—9月营业。在该餐厅用餐，消费者需要佩戴VR眼镜来观看、品尝由27位厨师精心制作的20道佳肴，享受一场由设计师、工程师、建筑师、舞蹈编导和编剧等共同营造的3小时的感官盛宴。该餐厅巧妙地利用了人们崇尚科技的心理，大大增强了餐厅的吸引力。

4.融入知识生产

知识生产是知识营销的基础。餐饮生产，从原料选购、运输、储存到加工、制作，应该制定严格的、科学的标准和程序，“标准”和“程序”就是知识。现在，中国许多餐饮企业开始加大餐饮生产中的科技投入，为餐饮业的知识营销建立了基础。例如，菜谱应当尽量数据化，菜谱数据化才能更好地实现菜谱规范化、标准化和知识化，从而更好地发挥菜谱（知识）对餐饮生产的指导作用。

5.坚持知识创新

创新是知识经济的一个主要特点。餐饮产品创新之本在于“变”，因季节时令而变，因消费需求而变。所谓“变”，就是做到“三新”，即原料要常用常新，品种要常换常新，烹调方法也要经常更新。

6.重视知识传播

知识传播也是知识经济的一个主要特点。餐饮业要重视餐饮知识的传播，只有让更多人懂吃和喜欢吃，餐饮业才能得到更好的发展。

按传统的方法吃汤包，既烫嘴又搅混了调味汁，小六汤包便为群众着想，编写了吃汤包的口诀：“轻轻夹，慢慢晃；戳破窗，勺接汤；先吃包，再喝汤……”小六汤包把这一吃法介绍给消费者，大家照着口诀吃汤包，感觉确实不错，于是吃汤包的口诀迅速传播开来，广受称赞和欢迎。

四、餐饮关系营销

关系营销观念是由美国市场营销学者巴巴拉·本德·杰克逊于1985年提出的一种市场营销观念。该观念一经提出，就引起了企业界的反响，并得到了迅速发展。正如菲利普·科特勒指出的，关系营销是买卖双方之间创造更亲密工作关系和相互依赖关系的艺术。因此，餐饮关系营销的目的是同消费者结成长期的、相互依存的关系，发展消费者与餐饮业及其产品和服务之间的连续性的交往，以提高品牌忠诚度，促进产品持续销售。

小资料

现代营销学之父——菲利普·科特勒（Philip Kotler）

菲利普·科特勒于1931年生于美国，任美国西北大学凯洛格管理学院终身教授，被誉为“现代营销学之父”。

科特勒见证了美国经济40年的衰落和繁荣，形成了完整的营销理论，为美国大型公司培养了一代又一代的企业家。

他是许多大型公司在营销战略和计划、营销组织、整合营销上的顾问。这些公司包括IBM、通用电气（General Electric）、AT&T等。他还曾担任美国管理学院主席、美国营销协会董事长和项目主席以及彼得·德鲁克基金会顾问。他还是将近二十本著作的作者，为《哈佛商业评论》《加州管理杂志》《管理科学》等杂志撰写过100多篇论文。

（资料来源：百度百科，有改动。）

餐饮关系营销以系统论为基本思想，在社会经济的大环境中考察餐饮企业的市场营销活动。其核心是建立并发展与消费者、竞争者、供应者、分销者、政府机构和社会组织的良好关系。

餐饮关系营销的对象主要有内部关系营销和外部关系营销。其本质特征是双向沟通、合作、双赢、亲密和控制。

五、餐饮连锁营销

餐饮连锁营销是指经营同类产品或服务的若干家企业，以一定的形式组成一个联合体，在营销专业化分工的基础上实施集中化管理，使复杂的商业活动简单化，以获取规模效益。

餐饮连锁营销的八个统一是：统一采购、统一配送、统一管理、统一核算、统一店名店貌、统一价格、统一服务规范、统一广告宣传。

（一）优势

餐饮连锁营销具有以下三大优势。

1.降低风险

连锁企业可以获得现成的技术设备、完善的管理和供应系统等，从而降低独立开店的风险。

2.减少宣传费用

知名的餐饮企业已在人们心目中形成良好的形象，这本身就是很好的宣传。在统一宣传的情况下，连锁店越多，分摊的广告费就越低。这是独立店铺难以做到的。

3.货源有保证

连锁企业实力雄厚，供应商自然会优先保证供应，不会造成库存短缺。同时连锁企业一般拥有配送中心和物流设施，可以保证货物及时送到各个连锁店。

（二）主要模式

1.直营连锁

直营连锁又称正规连锁，是大型垄断商业资本通过吞并、兼并或独资、控股等途径，发展壮大自身实力和规模的一种形式。直营连锁本质上是各连锁店处于同一流通阶段，经营同类商品和服务，并由同一个总部集权性管理经营活动。直营连锁曾是美国连锁店的基本形态。连锁店在建立早期一直采用直营店的方式，在实力日渐雄厚，名声越来越大之后，便开始征求加盟店，这是连锁店发展的规律之一。

2. 特许连锁

特许连锁又称合同连锁或加盟连锁（Franchise Chain，FC），是以契约为基础的经营方式，是指主导企业把自己开发的产品、服务和营业系统（包括商标、商号等企业标识）以契约的形式授予加盟店在规定范围内使用，加盟店需交纳一定的使用费，并承担规定的义务。它与直营连锁的区别在于它的所有权是分散的，经营权是集中的。

3. 自由连锁

自由连锁又称自愿连锁（Voluntary Chain，VC），是保留单个资本所有权的联合经营。自由连锁的特点是各店铺在所有权和财务上是独立的，与总部没有所属关系，只在经营活动上与总部存在协商和服务关系，统一订货和送货，统一使用信息及广告宣传，统一制定销售战略。各店铺不仅独立核算、自负盈亏、人事安排自主，而且在经营品种、经营方式、经营策略上也有很大的自主权，每年只需按销售额或毛利的一定比例向总部上交加盟金。这种形式主要存在于中小型企业中。

自由连锁的核心是共同进货，这样可以使中小型企业获得较低的商品进货价格。对总公司而言，自由连锁店是总公司有力的分销渠道，从而形成了自由连锁的“联购分销”机制。

为了摆脱困境，若干中小型企业共同投资设立机构，共同进货、促销和开展广告宣传等活动，以降低成本，提高利润率，从而形成自由连锁。可见，自由连锁是中小型企业对抗大型企业而自行发起的组织。

小案例：
肯德基

第四节　餐饮营销组合

营销组合是营销观念发展的重要概念。随着营销观念的发展，餐饮营销组合也发生着变化。随着人们营销观念的更新，传统的4P营销正在接受着4C营销的挑战。

一、餐饮营销组合的含义

营销组合的概念是20世纪50年代由美国哈佛大学的尼尔·波顿提出的。餐饮营销组合是餐饮企业按照营销战略的要求，为了在目标市场上实现预期的营销目标，所使用的一整套营销工具。餐饮营销组合也是餐饮企业对可控制的、与营销活动有关的营销变量的组合运用，从而形成的与特定目标市场相适应的营销方式。

餐饮营销组合有4P营销和4C营销。

二、4P营销的含义

餐饮企业4P营销是由产品（Product）、价格（Price）、渠道（Place）和促销（Promotion）4个营销要素组合形成的餐饮营销方式。由于4个要素的首字母均是P，因此其被称为4P。

4P营销是1960年杰罗姆·麦卡锡在尼尔·波顿的营销组合概念的基础上提出的，在现代营销中得到了包括餐饮企业在内的各类企业的高度重视和广泛应用。

三、4P营销向4C营销的转变

20世纪90年代以来，世界政治经济形势发生了重大变化，改变了餐饮企业营利的方式，营销观念又有所创新。新的营销观念之一是从原来的4P营销转变到4C营销。4C营销是美国市场营销学家罗伯特·劳特朋于1990年提出的。其主要内容是：研究消费者（Customer）的需求，了解和关注消费者为满足其需求所愿付出的成本（Cost）、为消费者提供方便（Convenience），与消费者沟通（Communication）。

餐饮企业的4C营销是由消费者（Customer）、成本（Cost）、便利（Convenience）和沟通（Communication）4个对餐饮营销有影响的因素组合而成的营销方式。4P营销是卖方市场的营销，而4C营销是买方市场的营销，从4P营销转变到4C营销，是从卖方市场转变到买方市场的需要。对于早就是买方市场的餐饮业来说，树立4C营销的观念非常重要。

餐饮营销人员应正确处理4P营销和4C营销的关系。从餐饮营销的实际过程来说，4P营销仍然是基本的营销策略，具有无可替代的作用。但是4C营销更加适合现代餐饮营销环境，所以餐饮企业应高度重视4C营销观念。在两者的关系上，应该用4C营销来弥补4P营销的不足。

学习任务

对餐饮营销的认知过程如图1–1所示。

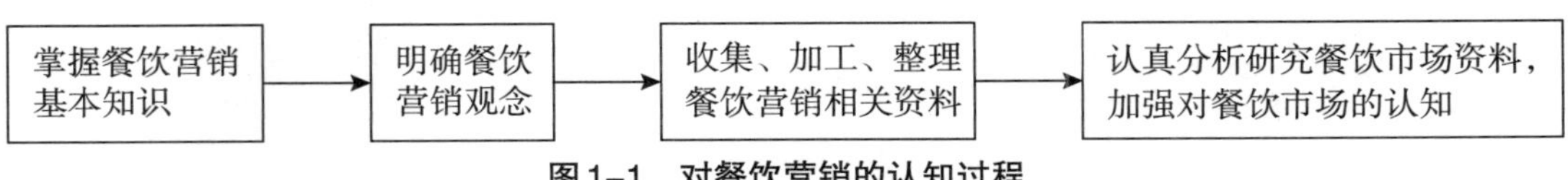

图1–1 对餐饮营销的认知过程

1.掌握餐饮营销基本知识

目前，餐饮业面临着巨大的竞争压力，餐饮营销成了众多餐饮企业自我发展的重要手段。那么，如何做好餐饮营销呢？掌握餐饮营销基本知识是对餐饮营销进行正确认知的基础。

2.明确餐饮营销观念

餐饮营销观念是餐饮企业经营管理活动过程中的指导思想。可以说，有什么样的观念，就会做出什么样的行动。餐饮营销的效果也是由营销观念决定的。因此，提高餐饮营销人员素质的重要一步，就是确立科学的、现代化的餐饮营销观念。

中国目前的餐饮营销存在以下认识误区：消费高、价格高就是高档；档次（高、中、低）自己说了算；大排档影响形象，没钱赚；等等。

3.收集、加工、整理餐饮营销相关资料

餐饮企业的市场营销活动是在复杂的环境中进行的，要正确认知餐饮营销，就要从多个方面、多个渠道收集相关资料。对收集来的影响餐饮营销的相关资料，要进行加工、整理、分类，以便分析研究。

4.认真分析研究餐饮市场资料，加强对餐饮市场的认知

根据资料判断餐饮企业市场营销影响因素的变化趋势，并对餐饮企业在未来发展中可能受到的威胁和可利用的机会做出科学预测。根据预测，结合餐饮企业现状，为餐饮企业制定营销方案。

任务总结

成功的餐饮企业必须有先进的观念指导企业的经营活动，因此餐饮企业必须树立现代市场营销观念，一切以消费者的需求为中心。现代餐饮营销活动不是餐饮企业经营过程的某一环节，而是贯穿餐饮营销研究、餐饮市场调研、餐饮产品、餐饮产品价格、餐饮营销渠道、餐饮促销等整个过程。餐饮市场与餐饮营销观念是动态的、变化的，不能用僵化的思想去认识餐饮市场、理解餐饮营销观念。

实训项目

目标

1. 培养学生对餐饮企业的营销活动进行分析的能力。
2. 通过调查，掌握不同餐饮企业营销观念的区别。参与餐饮企业营销实践，加深学生对营销观念的理解。

内容与要求

1. 教师带领学生参观不同星级饭店的餐饮部或不同性质的餐饮经营场所，使学生对餐饮营销建立初步的认知。
2. 对不同档次、类型的餐饮企业进行调查，了解这些餐饮企业营销观念的不同，以及了解这些餐饮企业使用的营销策略。
3. 参观校内食堂，用所学的餐饮营销观念为校内食堂提供可行的营销方案。

组织与实施评价

1. 以项目团队为学习小组，小组规模一般是4~7人。分组时注意小组成员在知识、性格和技能方面的互补性，并选出项目负责人以协调各项工作。
2. 建立沟通协调机制，促进团队成员协作完成任务。
3. 各项目团队根据实训内容进行讨论。
4. 评价与总结：各项目团队提交实训报告，字数不少于400字，指导教师根据报告进行评估。

复习思考题

一、填空题

1. 餐饮营销经历了____________、____________、____________、____________和____________5个发展阶段。
2. 餐饮网络营销渠道的实现方式主要有____________和____________。
3. 餐饮连锁营销的主要模式有____________、____________和____________。
4. 餐饮企业4P营销包括____________、____________、____________和____________。
5. 餐饮企业的4C营销是由____________、____________、____________和____________4个对餐饮营销有影响的因素组合而形成的营销方式。

二、单项选择题

1. ____是餐饮企业经营管理的核心，它是一个系统的工作过程。

A. 就餐环境　　B. 餐饮营销　　C. 服务人员素质　　D. 餐厅位置

2. ____是一种较传统的营销观念，它的具体内容表现为“餐厅能提供什么就销售什么”。

A. 生产观念　　B. 产品观念　　C. 推销观念　　D. 市场营销观念

3. “消费者第一”是____的直接体现。

A. 生产观念　　B. 产品观念　　C. 推销观念　　D. 市场营销观念

4. 营销组合的概念是20世纪50年代由____提出的。

A. 李维特　　B. 菲利普·科特勒

C. 斯坦特勒　　D. 尼尔·波顿

5. 以下关于餐饮连锁经营的内容，有误的是____。

A. 统一采购、统一配送　　B. 统一管理、统一核算

C. 统一店名店貌、统一价格　　D. 统一服务规范、统一人员招聘

三、简答题

1. 如何理解餐饮营销的含义？

2. 餐饮营销的发展有哪些新趋势？

3. 4P营销和4C营销之间存在什么关系？

4. 4C营销是如何在餐饮营销中体现出来的？

5. 简述餐饮营销的认知过程。

第二章　餐饮营销环境分析

学习目标

通过本章的学习，学生应了解餐饮营销环境、餐饮营销宏观环境、餐饮营销微观环境的概念，了解餐饮市场竞争者的分类；理解SWOT分析法；掌握餐饮营销宏观环境和餐饮营销微观环境的构成因素。同时，学生要能够正确分析餐饮企业营销的宏观环境和微观环境，能够运用SWOT分析法分析餐饮企业的营销环境。

关键概念

餐饮营销环境　餐饮营销宏观环境　餐饮营销微观环境　SWOT分析法

案例导入

餐饮企业逆境增长的秘诀

金戈戈香港豉油鸡成立于2018年9月，2019年和2020年连续两年荣登大众点评必吃榜，3年间在全国增设门店30多家，品牌势能强劲。其核心门店位于深圳，主打豉油鸡特色单品，为全年龄段消费者提供品质饮食，致力于打造城市生活新方式。疫情使餐饮业受到了巨大的冲击，但在如此严峻的环境下，2021年，金戈戈3个月连开6家社区店，取得了骄人的成绩。

金戈戈首发门店海岸城店，面积约150平方米，日均翻台8~14轮，客单价80~100元，单店年坪效80000~120000元，年销售近2000万元。其中，王牌单品香港豉油鸡的桌点率近90%，贡献了餐厅近一半的营收，让“一菜走天下”成为可能。金戈戈是如何在来势汹汹的疫情之下实现逆境增长的呢?

据金戈戈的创始人姚旻汐介绍，疫情对其品牌的影响分为外部和内部两个方面。从外部来看，随着疫情的常态化以及经济下行的压力，各行各业都不好做。但国家的扶持政策以及商场给到的免租政策，帮助品牌化解了很多问题。就内部来说，品牌的规模和体量有了较大的增长，而且近半数是直营门店，其中又有95%以上集中在深圳区域，所以疫情的影响还是比较大的。

面对疫情带来的不利影响，姚旻汐也表示，在2020年疫情暴发阶段，她就和团队伙伴在关店之后迅速投入“战时”状态——启动外卖、开发新产品、上线团餐等，并为全国门店的复业修炼内功。基于2020年的团餐业务，2021年金戈戈在深圳集中做了大量的社区团餐，另外在企业团餐和大客户开发上也下了一番工夫。其中，金戈戈借助手撕豉油鸡、手撕盐焗鸡等单品发力家庭赛道，迅速占领了深圳500多个社区网点，为品牌带来了一笔可观的收入。

（资料来源：疫情下，30平小店干到30万！如何复制它的赚钱之道？有改动。）

案例分析

任何餐饮企业的营销行为既会受到其自身条件的制约，也会受到外部环境的影响。企业的营销活动不可能脱离周围环境而孤立地进行。因此，正确认识餐饮营销环境，把握餐饮企业所处环境的变化趋势才能适应周围的环境，发现企业发展的新机会。

知识准备

第一节　餐饮营销宏观环境分析

一、餐饮营销环境概述

（一）餐饮营销环境的概念

餐饮营销环境是指与餐饮企业营销活动有关的一切内外部因素和力量的总和。一个企业的营销环境由企业营销管理机能外部的行动者和力量组成，这些行动者和力量冲击着企业管理者发展和维持同目标消费者进行成功交易的能力。正确理解餐饮营销环境的概念，需要明晰以下两个基本内涵。

1. 营销环境是一个多因素的复杂系统

营销环境是一个复杂的系统，由相互影响、相互作用的重要参与者、市场和其他相关因素共同构成。

2. 营销环境对餐饮营销的影响，包括直接影响和间接影响

微观环境是指与企业紧密相连，直接影响企业营销能力的各种参与者，包括企业本身、餐饮供应商、中间商、消费者、竞争者以及社会公众。微观环境也称直接营销环境，直接影响企业的营销活动，与企业具有或多或少的经济联系。

宏观环境是指影响微观环境的一系列巨大的社会力量，主要是人口环境、经济环境、政治环境、技术环境、文化环境及自然环境等。宏观环境也被称为间接营销环境，一般以微观环境为媒介去影响企业的营销活动。

宏观环境因素与微观环境因素共同构成多因素、多变的企业营销环境，如图2-1所示。

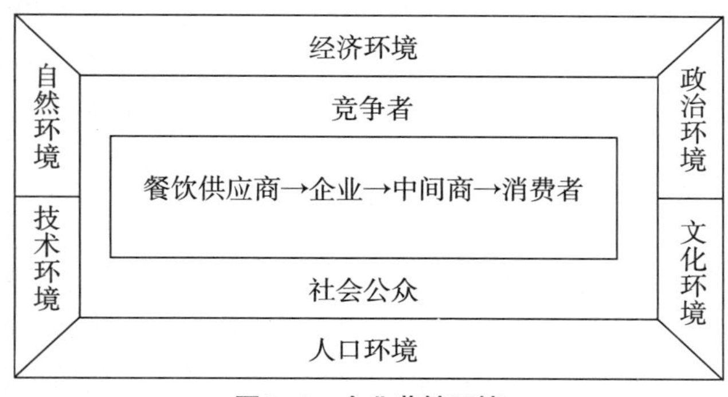

图2-1 企业营销环境

（二）餐饮营销环境的特征

1.客观性

餐饮营销可能脱离它所处的环境而发生，餐饮企业只要从事营销活动，就要受到各种环境因素的影响。因此，餐饮企业必须随时准备应对所面临的外部环境的挑战，以及把握外部环境变化所带来的机遇。

2.差异性

不同的餐饮企业受不同环境的影响。如不同的国家、民族、地区之间在人口、经济、文化、政治、自然环境等方面存在广泛的差异，这些差异对餐饮企业的影响也不同。

即使是同一环境因素对不同餐饮企业的影响也不同。如呼声渐增的环保要求，一方面限制了一次性餐具生产企业的发展，另一方面促进了餐具消毒企业的大力发展。

3.相关性

餐饮营销环境是一个多因素的集合体，各种因素之间存在不同程度的关联性，彼此相互作用、相互影响，其中某一因素的变化会带动其他因素的变化，形成新的营销环境。比如一个国家的法律环境会对该国的经济、科技的发展速度和方向产生影响，而科技和经济的发展也会引起政治经济体制的变革，进而促进法律、政策的相应变革。

4.动态性

餐饮营销环境在不断地发生变化，只是变化有快慢大小之分。例如，科技、经济等因素变化相对大而快，对企业营销活动的影响相对较大；而人口、社会文化、自然因素等变化相对较慢、较少，对企业营销的影响则相对较小。

5.不可控性

餐饮企业不可能控制环境因素及其变化，如餐饮企业不可能随意改变一个国家的政治制度、人口增长以及文化习俗等。此外，各环境因素之间也常常存在矛盾，从而影响餐饮企业的营销活动。在自媒体快速发展的今天，一些餐厅想借助短视频平台进行营销，但是为之投入的人力成本、时间成本、资金成本和设备场地成本等不是每家餐饮企业都能承受的，因此一些餐饮企业就不得不调整自己的策略，在可用的资源条件下开展营销活动。

（三）餐饮营销环境的作用

1.餐饮营销环境是餐饮企业赖以生存的基本空间

餐饮营销必须在一定的时间和空间条件下开展，如果丧失了必要的生存条件，餐饮营销就无从说起。这一必要的生存条件就是餐饮营销环境，它实质上是餐饮企业赖以生存的基本空间。餐饮企业的营销活动所需的各种资源需要在环境许可的条件下获取。

2.餐饮营销环境是餐饮企业难以控制的因素和力量

餐饮营销环境是餐饮企业营销活动的制约因素。餐饮企业虽然能够控制大部分营销活动，能够分析、认识营销环境提供的机会，但却无法控制所有环境因素的变化，更无法有效地控制竞争者。因此，餐饮企业必须保持头脑清醒，准备随时应对所面临的外部环境的挑战以及把握外部环境变化带来的机遇，使企业朝着有利的方向发展。

3.餐饮营销环境增强了餐饮企业对外部条件的敏感性

与所有企业一样，餐饮企业也是在不断变化的社会环境中运营的，在与其他企业协作或竞争中、在向目标消费者提供服务中、在接受社会公众的监督中开展营销活动。餐饮产品的特殊性决定了餐饮企业对可能影响其未来发展的所有外部条件具有较高的敏感性。

餐饮营销成败的关键在于能否把握营销环境的特点及其变化，只有与营销环境的变化相适应、相协调，企业才能顺利地开展营销活动并实现预期目标。所以，餐饮营销环境的变化可能给餐饮企业带来新的市场机会，即营销机会；也可能给餐饮企业带来新的威胁。这就要求营销人员通过营销环境调研和分析，适时抓住营销环境变化所带来的机会，减少营销环境变化所带来的威胁。

二、餐饮营销宏观环境构成因素

（一）餐饮营销宏观环境的概念

餐饮营销宏观环境是指对餐饮企业营销活动有较大间接影响的行动者及其社会力

量的总和。

宏观环境对餐饮企业的营销活动一般不产生直接影响，而是通过那些可以对营销活动产生直接影响的微观环境，间接影响餐饮企业的营销活动。营销人员必须依据外部环境中的各种因素及其变化趋势制定营销策略，以达到经营目的。

（二）餐饮营销宏观环境构成因素

1. 人口环境

人口是构成市场的第一因素。没有人就没有市场，没有经济。市场是由有购买欲望同时又有支付能力的人组成的。人口的多少直接影响市场的潜在容量。在其他条件相同的情况下，人口规模决定市场容量和潜力，人口结构影响消费结构和产品构成。由人口决定的家庭数量、家庭类型及其变化，对消费品市场有明显影响。

2. 自然环境

自然环境主要指企业在发展过程中对其有影响的物质要素。自然环境的变化和特点在很大程度上影响着餐饮企业的运营和发展。公众的环保意识增强等，间接影响着餐饮营销活动的进行。

小资料

餐饮行业环保包材更受消费者欢迎

早在2008年，我国便出台了相关的“限塑令”规定，明确提出在商超、集贸市场等场所不得免费提供塑料袋。2021年，“禁塑令”正式在全国生效。随着国内禁塑令进入落地环节，购物商场、菜市场等场所以及餐饮打包外卖服务和各类展会活动，禁止使用一次性不可降解塑料吸管及不可降解塑料包装。

餐饮业特别是近年来兴起的外卖行业，使得打包盒、外卖餐盒、塑料吸管等泛滥成灾。2020年全国外卖总体订单量达到171.2亿单，如果按照1%的订单配备保温袋等包装计算，每年使用的保温袋就将近1.7亿个；如果有30%的订单配备多个餐盒、塑料袋，则每年使用的相关塑料制品多达51亿个，甚至更多。

在竞争多元化的趋势下，商家愿意为环保、高性能的餐饮包装买单。这就要求包装制造者掌握被包装食物的特性以及敏感因素，确定其保护条件，选择正确的包装材料、包装技术，这样才能达到保护的效果。当下的消费者讲究健康饮食、环保饮食，对食物如此，对包装也不能例外。

（资料来源：环保包材成行业风向标，餐企如何在风口下更好前行？有改动。）

3. 政治环境

餐饮营销的政治环境包括国内政治环境、国际政治环境、法律环境等。餐饮企业所在国家或地区的政局是否稳定对餐饮企业的发展尤为重要。餐饮企业的营销活动会受到政治环境的规范和约束，企业在制定营销方案时必须考虑政治环境的影响，并对政治环境变化保持敏感，以便及时调整策略。

4. 经济环境

经济环境一般指影响企业营销方式与规模的经济因素，它是宏观环境分析中较为重要的方面。经济环境包括经济体制、经济增长模式、经济周期与发展阶段以及经济政策体系等方面，也包括居民的收入水平、市场价格水平、利率、汇率和税收等因素。

餐饮营销人员要分析宏观经济的总体状况，通过关键指标国民生产总值（GNP）增长率、银行的利率水平、劳动力的供给（失业率）状况、消费者收入水平、价格指数的变化（通货膨胀）等，分析所在国家或地区的经济发展形势。一般来说，在宏观经济高速发展的情况下，市场扩大，需求增加，企业发展机会就多。在宏观经济低速发展或发展停滞，甚至倒退的情况下，市场需求增长缓慢，企业的发展机会也就少。

5. 文化环境

小案例：
华侨文化带动咖啡厅的发展

一个国家、地区或民族的文化以及受其长期影响而形成的价值观念、风俗习惯、生活方式等因素，构成了影响营销活动的文化环境。文化环境的组成内容相当丰富，不同国家、地区、民族之间的差别非常明显。文化环境会影响人们的消费方式和购买偏好，进而影响企业的经营方式。因此餐饮营销人员必须了解文化环境，并有针对性地开展营销工作。

6. 技术环境

技术环境从两个方面影响餐饮企业的发展。一方面技术革新为企业创造了机遇，这主要表现在：第一，新技术的出现使得社会和新兴行业增加了对餐饮产品的需求，从而使得餐饮企业可以开辟新的市场和扩大经营范围；第二，技术进步有利于企业通过新的生产方法、新的生产工艺或新材料等生产出高质量、高性能的产品，同时降低成本。另一方面新技术的出现使企业面临挑战，技术进步会使社会对企业产品和服务的需求发生重大变化，从而对企业形成威胁。

第二节　餐饮营销微观环境分析

餐饮营销微观环境存在于餐饮企业周围并影响其营销活动。餐饮企业应定期对微观环境进行分析，以便认清形势，适应环境的变化，根据微观环境的变化，灵活地调整企业的营销策略，使企业的营销活动得以顺利开展。

一、餐饮营销微观环境的概念与构成

（一）概念

餐饮营销微观环境是指与餐饮企业紧密相连、直接影响餐饮企业营销的各种因素和力量，包括企业本身、餐饮供应商、中间商、消费者、竞争者和社会公众等方面。企业的营销活动常受到餐饮营销微观环境的影响。

一般情况下，宏观环境决定微观环境，宏观环境常常通过微观环境作用于企业的营销活动。不过，微观环境对宏观环境也具有重要的反作用。所有环境因素直接或间接、单独或交叉地对企业产生影响。面对机会，餐饮企业要努力抓住，及时将潜在机会变为企业发展的良机；面对威胁，企业要提前发觉，尽快采取策略，或对抗，或转移，以减少损失。因此，企业趋利避害的基础是其对微观营销环境及其发展变化的客观认识和分析。

（二）餐饮营销微观环境的构成

企业的营销微观环境主要由企业本身、餐饮供应商、中间商、消费者、竞争者和社会公众组成。其中企业微观环境的主要行动者：餐饮供应商—企业—中间商—消费者构成的链条是企业的核心营销系统。同时，企业还受到另外两个群体的影响，即竞争者和社会公众。

1.企业本身

随着消费升级，大众需求呈现差异化、碎片化，加之移动互联网的快速发展，餐饮营销显得尤为重要。美国布鲁金斯研究所研究指出，公司创造价值的机会，正在由管理有形资产转移到管理以知识和能力为基础的无形资产上，如品牌、客户关系、员工的能力、技能和激励、高质量和快速响应的运营流程、信息技术和数据库等。餐饮企业要想开展营销活动，需要成立某种形式的营销部门。它要瞄准特定的细分市场，以此作为餐饮企业的主要盈利来源；要了解和运用复杂的分销系统；要担负销售餐饮产品以及宣传和公关的职责；要随时关注市场上的竞争者和市场需求的变化，及时调整策略，制定相应的营销策略。

在大多数餐饮企业中，营销部门由营销总监领导，其下有负责餐饮营销中的某项具体活动的经理。销售人员通过市场分析积极开拓市场；宣传人员通过优秀的广告与宣传素材吸引客人；公关人员通过沟通、协调等为企业创造良好形象。

通常，餐饮的营销职能被公认为是餐饮营销的核心。营销职能不是孤立存在的。每个部门、每个员工都应该参与到这项满足消费者需求的工作中来。这要求营销部门与餐饮企业内部各部门之间通力合作。这种合作对营销决策的制定与实施影响极大。

2.餐饮供应商

小案例：
餐饮品牌要重视品控

餐饮供应商是影响企业营销微观环境的重要因素之一。餐饮企业的供应商是向餐饮企业及其竞争者供应他们为生产特定的餐饮有形产品和无形服务产品所需的各种资源的工商企业或其他组织与个人。餐饮供应商提供的资源主要包括原材料、设备、能源、劳务和资金等。

餐饮供应商对餐饮营销活动的影响主要表现在以下三个方面：供货的稳定性和及时性；供货的价格变动；供货的质量水平。

3.中间商

中间商是指处在餐饮生产者与消费者之间，参与商品流通业务，促使买卖行为发生和实现的集体和个人，包括经销商、代理商、批发商、零售商、营销服务机构和金融中间商等。这些中间商一方面要把产品信息告知现有的和潜在的消费者；另一方面要使消费者得以方便地克服时间和空间障碍，及时到达备有餐饮产品的地方。

中间商一般处于消费者密集的大中城市，有各自的目标群体。因此，通过他们，易于建立餐饮企业和消费者之间的联系。中间商是一批懂得餐饮营销的群体，他们一般受过餐饮专业训练，懂业务，有经验，了解市场，也了解消费者心理。他们能够给消费者提供有价值的信息，帮助消费者选择理想的餐饮产品，从而提高产品销量。

4.消费者

消费者关心的核心问题是其需求是否能够通过某一产品或服务而得以满足。营销所面对的挑战是：并非所有的消费者都有同样的需求。按照不同的购买动机，有不同类型的消费者，餐饮企业可以根据自身的实际情况来选择合适的目标消费者。

5.竞争者

企业要在市场中生存，就会有各种各样的竞争者。企业之间形成的竞争使企业感到了压力，也为企业提高其竞争能力提供了机会。

小资料

团餐市场竞争加剧

团餐是由一个人或者一个组织发起的聚餐，团餐客户消费不以堂食为主，而以供应商上门服务为主；即通过约定，供应商按照一定的服务标准和模式提供定量的餐饮产品和与之配套的服务。团餐的客户主要有各类企事业单位、学校、医院、活动和会议组织等。

近年来，我国团餐市场发展迅速，2021年中国团餐市场规模为1.77万亿元，2026年中国团餐市场规模有望达到3.6万亿元。团餐市场受青睐，国内不少连锁企业、食品加工企业扎堆发力团餐业务。老牌团餐企业当中，麦金地凭借强大的“中央厨房+冷链配送+物流终端+健康数据”全国供应链集群，发展势头强劲；团餐品牌千喜鹤也正在积极对外融资。2021年，新希望集团顺应风口成立了团餐业务团队；思念食品有限公司成立哪吒餐配，开辟校园团餐和社会团餐。2022年，茶饮品牌喜茶宣布推出喜宴团餐模式，新人凭结婚证团购喜茶时，可享受团餐优惠；双汇食品宣布成立团餐事业部；美团、饿了么等平台也在疫情背景下的上海推出社区团餐业务；海底捞、必胜客等餐饮企业，也开始在团餐业务上跃跃欲试。

在竞争越发激烈的市场环境下，餐饮品牌在入局团餐之前，需要审视品牌是否适合团餐，以及供应链、制餐流程和效率、配送履约、灵活用工的能力，了解是否做好了承接团餐的万全准备。

（资料来源：2023年团餐市场规模将达2万亿元 挖掘消费潜力企业扎堆布局，有改动。）

6.社会公众

从餐饮企业的角度来看，社会公众是指对餐饮企业实现营销目标的能力有实际或潜在利害关系和影响力的团体或个人。企业对社会公众的态度会促进或妨碍企业营销活动的正常开展。社会公众直接关系到企业的命运，所有的企业都会采取积极措施，以便在社会公众面前树立良好的企业形象。一般来讲，企业所面对的公众主要有：融资公众、媒介公众、政府公众、社团公众、社区公众、内部公众和一般公众。

二、餐饮市场竞争者分类和分析

（一）餐饮市场竞争者的分类

竞争者是餐饮企业营销活动的重要微观环境因素之一。从消费需求的角度划分，每个企业都面临四种类型的竞争者，即愿望竞争者、一般竞争者、产品形式竞争者和品牌竞争者。

（二）餐饮市场竞争者分析

1.愿望竞争者

愿望竞争者是指提供不同产品以满足消费者不同需求的、与企业构成竞争关系的众多企业。消费者的需求是多方面的，但很难同时满足，在某一时刻可能只能满足其中的一个需求。例如，一个家庭成员要在餐厅过生日，会在去星级餐厅就餐还是去普通餐厅就餐做出选择。

因此，从广泛意义上说，生产不同产品、满足消费者不同需求的企业间存在竞争。

2. 一般竞争者

一般竞争者是指提供不同产品以满足人们同一需求的、与企业构成竞争关系的众多企业。消费者会在确定目前需求的基础上进一步判定选择，即"采取什么方法能满足这一欲望"。例如，上述家庭经过反复考虑，决定去普通餐厅就餐庆祝生日，而满足这一愿望，可选择经营各种菜系的餐厅，这种餐厅就属于"一般竞争者"。

因此，消费者选择的过程使这些餐饮产品的生产企业之间形成一种竞争关系，它们也就相互成为一般竞争者。

3. 产品形式竞争者

产品形式竞争者是指提供满足消费者同一需求不同形式的同一种产品的与企业构成竞争关系的众多企业。在能够满足消费者同一需求的产品中，消费者会决定购买其中的某一类产品。例如，上述家庭在选择好菜系之后，他们可以选择米饭、馒头、面条等作为主食，这些产品，就叫作"产品形式竞争者"。

4. 品牌竞争者

品牌竞争者是指提供满足消费者同一需求的同种形式的不同品牌产品的、与企业构成竞争关系的众多企业。消费者在同一类产品品种中会面临品牌的选择，这些品牌就构成了"品牌竞争者"。

因此，每个企业都应充分了解消费者的购买决策过程，确定目标市场的竞争者，了解竞争者的策略，熟悉竞争者的产品特征，做到"知己知彼"，扬长避短，以自身的优势吸引目标市场的消费者，提高市场占有率。

第三节　餐饮市场环境综合因素SWOT分析

重视决策前的市场分析，是一切企业制胜的共同规律。精确的市场分析和预测，不仅能使企业真正做到以市场为导向，制定相应的产品、价格、服务等营销策略，满足市场的需要，还能帮助企业了解自己所处的市场地位和竞争态势，降低市场风险，从而在激烈的竞争中占据有利地位。

一、SWOT分析法的含义

SWOT分析法是进行企业外部环境和内部环境分析，从而找出二者最佳可行策略组合的一种分析工具。同时它也是一种用于检测企业运营与企业环境的工具，是编制营销计划的基础。S（Strengths）代表企业内部的优势，W（Weaknesses）代表企业内部的劣势，O（Opportunities）代表外部的机会，T（Threats）代表外部的威胁。

餐饮企业内部的优劣势是相对于竞争者而言的，表现在资金、技术设备、职工素质、产品市场和管理技能等方面。衡量企业优劣势有两个标准：一是资金、产品、市场等一些单方面的优劣势；二是综合的优劣势，可以选定一些因素进行评价打分，然后根据这些因素的重要程度进行加权，取各项因素加权数之和来确定企业是处在优势还是劣势。企业应扬长避短，内部优势强，就应采取发展型战略，否则就应该采用稳定型或紧缩型策略。

餐饮企业外部环境是企业无法控制的，有的对企业发展有利，可能给企业带来发展机会。例如，宽松的政策、技术的进步，就有可能给企业降低成本、增加销售量创造条件。有的外部环境对企业发展不利，可能给企业带来威胁，如紧缩信贷、原材料价格上涨、税率提高等。来自餐饮企业外部的机会与威胁，有时需要与竞争者相比较才能确定。有利条件可能对所有餐饮企业都有益，威胁也不只是对某一企业构成威胁，因此，在一些情况下还要分析同样的外部环境到底对谁更有利或更无利。餐饮企业与竞争者的外部环境是不可能完全相同的，但很多时候却许多共同点，此时，企业对机会与风险的分析就不能忽略与竞争者相比较。SWOT的含义如图2-2所示。

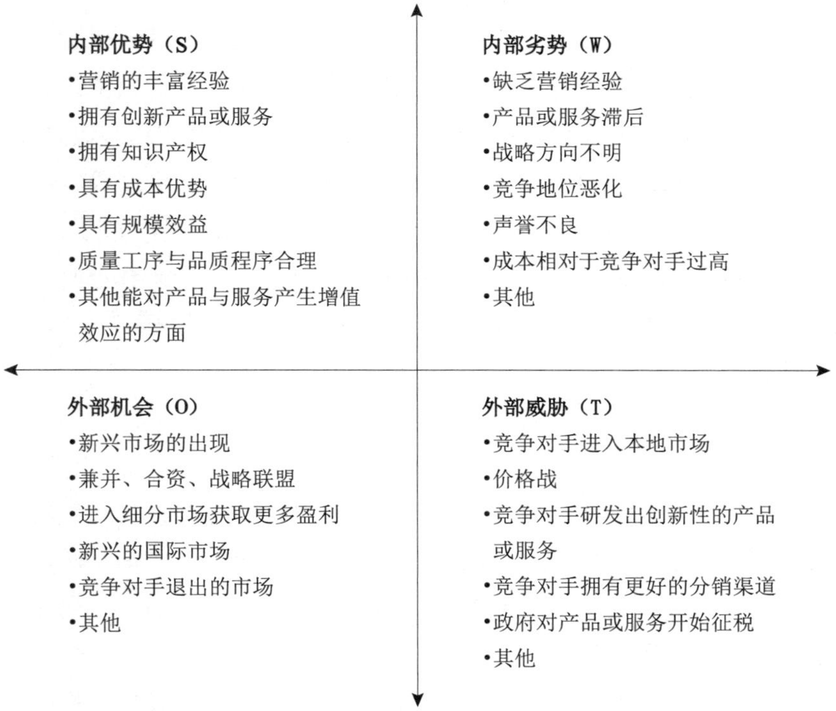

内部优势（S）
- 营销的丰富经验
- 拥有创新产品或服务
- 拥有知识产权
- 具有成本优势
- 具有规模效益
- 质量工序与品质程序合理
- 其他能对产品与服务产生增值效应的方面

内部劣势（W）
- 缺乏营销经验
- 产品或服务滞后
- 战略方向不明
- 竞争地位恶化
- 声誉不良
- 成本相对于竞争对手过高
- 其他

外部机会（O）
- 新兴市场的出现
- 兼并、合资、战略联盟
- 进入细分市场获取更多盈利
- 新兴的国际市场
- 竞争对手退出的市场
- 其他

外部威胁（T）
- 竞争对手进入本地市场
- 价格战
- 竞争对手研发出创新性的产品或服务
- 竞争对手拥有更好的分销渠道
- 政府对产品或服务开始征税
- 其他

图2-2　SWOT的含义

二、SWOT分析策略

在对企业进行SWOT分析时，应分析企业内部环境，列出企业目前所具有的优势和劣势；分析企业外部环境，列出对于企业来说在外部环境中存在的发展机会和威胁；最后综合以上信息进行分析。根据外部环境和内部环境的组合，制定出相应的应对策略。

（一）优势—机会（SO）组合

这是一种发展企业内部优势与利用外部机会的组合，当企业具有特定方面的优势，外部环境为企业提供了良好的发展机会，企业就能够凭借自身的长处和资源最大限度地利用这个机会。这无疑是一种理想的组合，适合采用发展型策略。例如，良好的产品市场前景、供应商规模扩大等外部条件，配合企业品牌知名度增加等内在优势可成为企业扩大生产规模的有利条件。但在竞争异常激烈的行业中，企业要想长久地处于这样的位置是相当困难的，所以一定要居安思危，保持危机感和紧迫感。

（二）优势—威胁（ST）组合

在这种情况下，企业应该利用自身的优势回避或减轻外部威胁。例如，竞争者利用新技术大幅度降低成本，给企业造成很大成本压力；餐饮原材料供应紧张，其价格可能上涨；消费者要求大幅度提高产品质量；企业还要支付高额环保成本等。这些都会导致企业成本状况进一步恶化，使之在竞争中处于非常不利的地位，但若企业拥有充足的现金、熟练的技术工人和较强的产品开发能力，便可利用这些优势开发新工艺，简化生产工艺过程，提高原材料利用率，从而降低材料消耗和生产成本。开发新技术产品也是企业可以选择的策略。新技术、新材料和新工艺的开发与应用是具有潜力的降成本措施，它可提高产品质量，回避外部威胁。但这并非意味着企业必须用其自身的实力来正面迎击外部威胁，而是应该扬长避短，采用多种经营策略达到发挥优势、降低威胁的目的。

（三）劣势—机会（WO）组合

在这种情况下，企业应通过外在的方式来弥补企业的弱点，以最大限度地利用外部机会，可采用先稳定型后发展型的策略。例如，若企业的弱点是原材料供应不足和生产能力不够，从成本角度看，这会导致库存不足、生产能力闲置、单位成本上升，而加班加点会产生一些附加费用。在产品市场前景看好的前提下，企业可利用供应商扩大规模、新技术设备降价、竞争者财务危机等机会，实现纵向整合战略，重构企业价值链，以保证原材料供应，同时可考虑购置新设备来克服生产能力不足及设备老化等缺点。如果此时不采取任何行动，就等于将机会拱手让给了竞争者。通过克服这些弱点，企业可以进一步利用各种外部机会，降低成本，取得成本优势，最终赢得竞争优势。

（四）劣势—威胁（WT）组合

企业应尽量避免处于这种状态，如果企业无法回避而不得不面对这种状态时，通常有两种选择：要么破产倒闭，要么破釜沉舟。事实上，企业要想摆脱这种不利境地，可以采取紧缩型战略，通过苦练内功，对内部进行优化整合，变弱点为长处来应对外部威胁。但这种做法往往受到企业自身条件（如财力、人力和技术水平）的限制。另外，竞争者也不会给企业留出充足的时间。因此，要想扭转企业所面临的不利局面，较明智的策略是通过合并重组，在短时间内迅速壮大企业的实力，以抗衡外部威胁。

需要注意的是，SWOT分析法的主观性较强，在进行SWOT分析时，必须对企业的优势与劣势有客观的认识，要明确区分公司的现状与前景，考虑要全面。进行SWOT分析时必须与竞争者进行比较。并且，要保持SWOT分析法的简洁化，避免复杂化与过度分析。

小知识

波士顿矩阵

波士顿矩阵，又称市场增长率—相对市场份额矩阵、波士顿咨询集团法、四象限分析法、产品系列结构管理法等。它是由美国著名的管理学家、波士顿咨询公司创始人布鲁斯·亨德森于1970年创立的。

波士顿矩阵将企业所有产品从销售增长率和市场占有率角度进行再组合。在坐标图上，以纵轴表示企业销售增长率，横轴表示市场占有率，各以10%和20%作为区分高、低的中点，将坐标图划分为四个象限，依次为“明星产品”“问题产品”“金牛产品”“瘦狗产品”。其目的在于通过产品所处不同象限的划分，使企业采取不同决策，以保证其不断地淘汰无发展前景的产品，保持“问题产品”“明星产品”“金牛产品”的合理组合，实现产品及资源分配结构的良性循环。

波士顿矩阵对于产品所处的四个象限有不同的定义和营销战略。

（1）明星产品。它是指处于高销售增长率、高市场占有率象限内的产品群，这类产品可能成为企业的现金流产品，需要加大投资以支持其迅速发展。

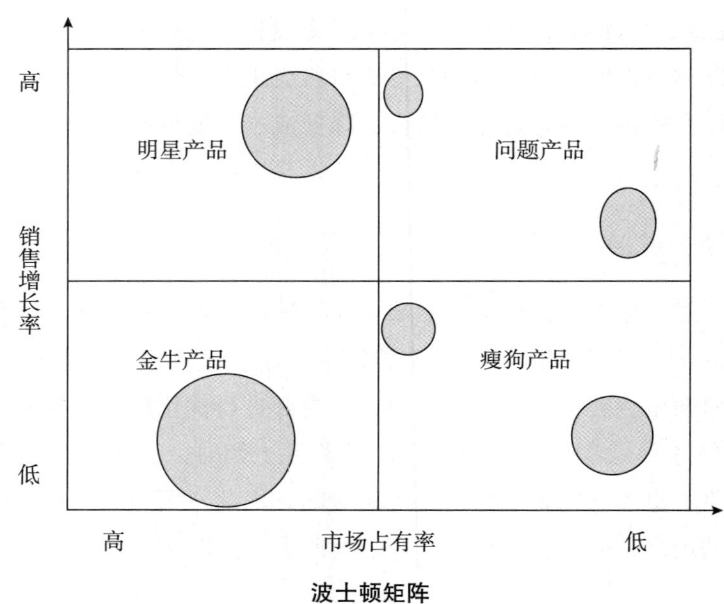

波士顿矩阵

采用的发展战略：积极扩大经济规模和市场机会，以长远利益为目标，提高市场占有率，强化竞争力。发展战略以及明星产品的管理与组织应采用事业部形式，由对生产技术和销售都有经验的管理人员负责。

（2）金牛产品，又称厚利产品。它是指处于低销售增长率、高市场占有率象限内的产品群，已进入成熟期。由于市场已经成熟，企业不必大量投资来扩展市场规模，同时作为市场中的领导者，该业务享有规模经济和高边际利润的优势，因而给企业带来大量财源。其特点是销售量大，产品利润率高、负债比率低，可以为企业提供资金，而且由于增长率低，也无须增大投资。因而成为企业回收资金，支持其他产品，尤其是明星产品投资的后盾。

采用的发展战略：①尽量压缩设备投资和其他投资；②采用榨油式方法，争取在短时间内获取更多利润，为其他产品提供资金。对于这一象限内的销售增长率仍有所增长的产品，应进一步进行市场细分，维持现存市场增长率或延缓其下降速度。

（3）问题产品，它是处于高销售增长率、低市场占有率象限内的产品群。高销售增长率说明市场机会大，前景好，而低市场占有率则说明在市场营销上存在问题。其特点是利润率较低，所需资金不足，负债比率高。例如，在产品生命周期中处于引进期、因种种原因未能开拓市场局面的新产品即属此类问题的产品。

采用的发展战略：对问题产品应采取选择性投资战略。因此，对问题产品的改进与扶持方案一般均列入企业的长期计划中。对问题产品的管理组织，应采取智囊团或项目组织等形式，选拔有规划能力，敢于冒风险、有才干的人负责。

（4）瘦狗产品，也称衰退类产品。它是处在低销售增长率、低市场占有率象限内的产品群。其特点是利润率低，处于保本或亏损状态，负债比率高，无法为企业带来收益。

采用的发展战略：对这类产品应采用撤退战略，首先应减少生产量，逐渐撤退，对那些销售增长率和市场占有率均极低的产品应立即淘汰；其次是将剩余资源向其他产品转移；最后是整顿产品系列，将瘦狗产品所在事业部与其他事业部合并，统一管理。

（资料来源：百度百科，有改动。）

学习任务

SWOT分析法的分析步骤如图2–3所示。

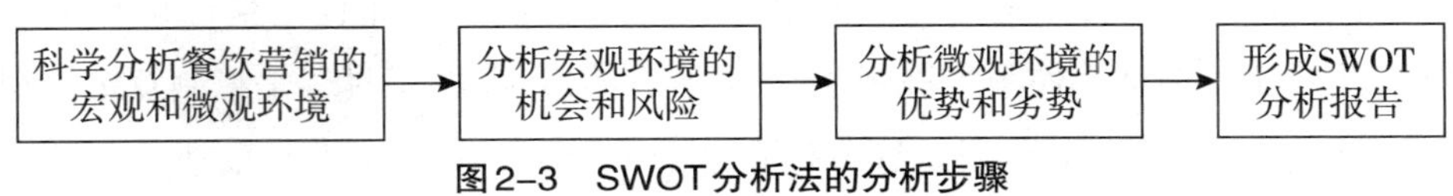

图2–3 SWOT分析法的分析步骤

1.科学分析餐饮营销的宏观和微观环境

SWOT分析法是进行企业外部环境和内部环境分析，从而找出二者最佳可行战略组合的一种分析工具。所以，科学分析餐饮营销的宏观和微观环境是SWOT分析法的基础。

2.分析宏观环境的机会和风险

企业机会，就是对企业的营销活动具有吸引力的、能享有竞争优势和获得差别利益的环境机会，即营销环境中对该产品营销的有利因素。企业营销人员对于已发现和识别的市场机会，还要根据自己的目标和资源进行分析评估，从中选出适合企业的营销机会。

企业经营风险是营销的不利因素，它是生产经营活动中长期存在的客观现象。随着市场经济的发展、市场竞争的加剧，风险经营管理的重要性日益提高，营销人员应在营销活动中针对企业经营目标，以较少的费用将风险降低到最小。

3.分析微观环境的优势和劣势

餐饮企业内部的优劣势表现在资金、技术设备、职工素质、产品市场和管理技能等方面。企业应扬长避短，内部优势强，就适合采取发展型策略，否则就应采用稳定型或紧缩型策略。

4.形成SWOT分析报告

根据分析结果，形成SWOT分析报告。分析报告要在保证全面系统地反映客观事物的前提下突出重点，提高其针对性、实用性。报告内容要简明扼要，并对其结构和内容精心组织、妥善安排，体现完整性、系统性。

任务总结

餐饮企业的营销活动要以环境为依据，不仅要主动适应环境，还要通过营销去影响外部环境，使环境有利于企业的生存和发展，有利于提高企业营销活动的有效性。因此，重视研究市场营销环境及其变化，是餐饮企业营销活动的基本课题。宏观环境指影响微观环境的一系列巨大的社会力量，主要包括人口环境、经济环境、政治环境、技术环境、文化环境及自然环境。微观环境是指与餐饮企业紧密相连、直接影响餐饮企业营销能力的各种因素和力量的总和，主要由企业本身、餐饮供应商、中间商、消费者、竞争者和社会公众等组成。

SWOT分析法是进行企业外部环境和内部环境分析，从而找出最佳可行策略组合的一种分析工具。它是一种用于检测企业运营与企业环境的工具，是编制营销计划的基础。在对企业进行SWOT分析时，应分析企业内部环境，列出企业目前所具有的优势和劣势；分析企业外部环境，列出对企业来说在外部环境中存在的发展机会和威胁；最后综合以上信息进行分析。根据外部环境和内部环境的组合，制定出相应的应对策略。

实训项目

目标

1.初步了解SWOT分析法。

2.在所学知识的基础上，正确运用SWOT分析法分析餐饮营销环境。

内容与要求

学生利用掌握的SWOT分析法对自己所在城市的某家餐饮企业进行SWOT分析，并形成分析报告。

组织与实施评价

1.以项目团队为学习小组，选出项目负责人。

2.建立沟通协调机制，促进团队成员协作完成任务。

3.各项目团队根据实训内容进行讨论。

4.评价与总结：各项目团队提交实训报告，指导教师根据报告进行评估。

复习思考题

一、填空题

1.人口环境、经济环境、政治环境、技术环境等因素属于餐饮营销的__________。

2.每个企业都面临四种类型的竞争者，即__________、__________、__________、和__________。

3.经销商、代理商、批发商、零售商都属于餐饮营销的__________。

4.在SWOT分析策略中，可采用先稳定后发展型的策略是__________。

二、单项选择题

1.餐饮营销微观环境中不包括____。

A.员工　　B.餐饮供应商

C.中间商　　D.消费者

2.____是指与餐饮企业营销活动有关的一切内外部因素和力量的总和。

A.餐饮营销宏观环境　　B.餐饮营销微观环境

C.餐饮营销环境　　D.餐饮营销因素

3.下列选项中不属于餐饮营销的政治环境的是____。

A.国内政治环境　　B.国际政治环境

C.法律环境　　D.居民的收入水平

4.一个国家、地区或民族的价值观念、风俗习惯属于餐饮营销的____。

A.人口环境　　B.经济环境

C.政治环境　　D.文化环境

5.____是指对餐饮企业营销活动有较大间接影响的行动者及其社会力量的总和。

A.餐饮营销宏观环境　　B.餐饮营销微观环境

C.餐饮营销环境　　D.餐饮营销因素

三、简答题

1.餐饮营销环境的特征是什么？

2.餐饮营销环境的作用有哪些？

3.供应商对餐饮营销活动的影响主要表现在哪些方面？

4.餐饮营销宏观环境构成因素包括什么？

5.简述SWOT分析策略。

第三章　餐饮市场调研

学习目标

通过对本章的学习，学生可以了解餐饮市场调研的概念及作用，了解餐饮市场调研的内容与类型，熟悉餐饮市场调研的程序，掌握案卷调研和实地调研的特点和方法，并掌握调查问卷的设计；同时，能够根据给定的调研目标撰写餐饮市场调研报告，利用不同渠道收集二手资料，独立设计、制作调查问卷，并能够运用常见调研方法收集一手资料。

关键概念

市场调研　抽样调研　案卷调研　实地调研　询问调研　观察调研　实验调查法　调查问卷

案例导入

哈根达斯的市场调研

"哈根达斯"是一个国际著名的冰激凌品牌，在进入中国冷饮市场前曾经做了大量细致的市场调研工作。

该公司认为，进入中国市场首先要确定"登陆滩"。该公司从居民的收入水平、消费习惯、对外来产品的接受程度等方面对中国几个城市做了调研，结果表明上海是较理想的"登陆滩"。同时，调研结果还表明，上海对中国其他地方消费观念的影响十分明显。

该公司接下来调研的是通过什么渠道将产品推进上海的千家万户。调研结果显示，上海市民选购冷饮的地方通常是食品商场、大卖场、超市、便利店。但是对具体的品牌选择上有明显的"购买场所与品牌"的倾向。一些早些时候进入上海冷饮市场的国际品牌有自己的专卖店（与著名零售商业合作），而中外合资便利店的消费者通常是较高收入者、追求新奇的年轻人，所以哈根达斯选择在特定便利店与消费者"见面"的销售方式。比如，开设在高档住宅区附近的便利店，稳定一段时间后使消费者形成购买习惯。

产品包装设计的调研结果表明，哈根达斯若像可口可乐那样“中国化”可能会影响品牌形象，所以公司决定在包装设计上尽量维持原有特征。

最后调研的项目是“上海消费者会接受的价格水平”。虽然“和路雪”也是外来品牌，但是它已经成为上海消费者较熟悉的食品品牌，且经过几次价格调整，已经成为大众化冷饮，而哈根达斯要独树一帜，就必须进行差异化营销。哈根达斯的产品定位是高档冰激凌，产品定价不能低，这样才能避免陷入原定目标消费者的“价廉无好货”的思维定式。

在经过两年多的经营，哈根达斯通过制定的营销策略实现了预定目标。年轻人对哈根达斯的提及率、忠诚度都达到并稳定在一定的水平。

实践证明，市场调研是餐饮企业营销活动的起点，是获取市场信息、进行市场营销和现代化管理的重要手段，是市场预测、经营决策过程中必不可少的一部分。

（资料来源：陆朋，餐饮营销，有改动。）

案例分析

市场调研是一项科学性很强、工作流程系统化很高的工作。它是由调研人员收集目标材料，并对所收集的材料加以整理统计，然后对统计结果进行分析以便为决策提供正确方向的工作。哈根达斯在进入中国市场时，进行了充分的市场调研，并根据市场调研结果制定了合适的营销策略，最终在中国冷饮市场占有一席之地。一个新的品牌在进入一个新的环境时，必须广泛收集市场信息，并结合自身情况对市场做出反应，采用恰当的营销策略，这样才更容易在新的环境中取得成功。

知识准备

第一节 餐饮市场调研的概念与作用

任何一个餐饮企业在认识餐饮市场环境、制定营销策略、进行市场营销活动时，都必须广泛、系统地收集各种市场信息，进行全面深入的分析，并根据餐饮市场调研结果进一步发现市场机会，选择目标市场，进行市场定位，从而科学地制定餐饮企业的营销策略。

一、餐饮市场调研的概念

市场调研是指运用科学的方法，有目的、有计划、有步骤、系统地收集、记录、整理和分析有关市场活动的各种数据和资料，为企业营销活动提供决策依据的一种活动。市场调研是企业营销活动的起点，贯穿企业整体活动的始终。

美国著名的营销大师菲利普·科特勒认为市场调研是为制定某项具体的营销决策而对有关信息进行系统的收集、分析和报告的过程。小卡尔·麦克丹尼尔（Carl McDaniel Jr.）在其著作《当代市场调研》中表示，市场调研是收集和分析与营销决策有关的资料，并与管理者沟通分析结果的行为。

餐饮市场调研就是运用科学的方法和适当的手段，有目的、有计划地收集、整理、分析和报告有关餐饮营销的信息，以帮助餐饮企业及时、准确地了解市场，发现企业当前存在的问题，正确制订、实施和评估餐饮营销策略和计划的活动。

二、餐饮市场调研的作用

餐饮企业行之有效的经营决策需要以科学的市场预测为基础，而科学的市场预测需要以做好市场调研、准确掌握市场信息为基础。餐饮市场调研的重要作用主要有以下几点。

（一）为餐饮企业决策提供依据

现代经营管理注重的是管理的科学化和理性化，其基础是对大量数据和文字资料进行收集与分析。经过科学设计的市场调研活动可以为决策者提供大量翔实的资料，决策者可以从这些资料中发现问题、了解本企业实际情况、确定营销活动的最佳方案、降低决策风险。

针对某一具体产品，餐饮企业在进行市场选择时，要掌握以下的情况：此产品被消费者认可的程度及该产品对消费者有何吸引力；此产品的销售量；是普遍需要还是哪一个特殊群体需要；消费者可以接受的价格区间；当前的定价能否使企业盈利；广告宣传应强调哪一个部分才能吸引更多消费者的注意；市场上是否有同类产品及其优势与缺陷等。

（二）使餐饮企业有效了解消费需求

消费需求受社会、个人等因素的影响，不是靠消费者的经验和主观判断就可以确切把握的。在餐饮产品丰富的情况下，消费需求会更加多样化，可选择性也会增强，消费者对新奇产品的认可也会越来越快，这对旧产品的销售会产生不利影响，但对新产品的开发有利。

餐饮企业必须明确自己在市场上直接面对的消费者的状况：他们会提出哪些需求；促使其需求发展成购买行为的直接因素什么；他们最关心的是什么；现有的市场细分是否有效；目标市场的定位是否正确等。准确、广泛的餐饮市场调研可以帮助企业充分了解消费者的特点及其需求。

（三）有助于提高餐饮企业竞争力

现代市场的竞争，实质上是信息的竞争。企业要想在市场竞争中争得一席之地，关键是要把握市场需求的状况和变化趋势，采取正确的竞争策略。这就需要企业通过市场调研明确自身产品的竞争力。

通过专业的市场调研，企业可以明确主要竞争者和潜在竞争者，明确市场的竞争态势，还可以更有针对性地收集竞争者未来的战略规划、近期实施的策略、经济实力、决策者的个性特征、企业的成长历史与企业文化特征等信息。在竞争中避开对手的优势，发挥自己的长处，才更容易占据有利地位。

小案例：
巴奴毛肚火锅调研后的决策

第二节 餐饮市场调研的内容与类型

进行餐饮市场调研时，要根据调研的目的确定所需调研的内容及调研的类型。

一、餐饮市场调研的内容

餐饮市场调研的内容十分广泛，调研的目的不同，其侧重点也不同。餐饮市场调研的内容主要涉及以下方面。

（一）市场环境调研

餐饮企业受到市场上各种宏观因素与微观因素的影响，因此需要调查和把握企业运营的内外部影响因素及产品的销售条件。对餐饮市场环境进行调研能够帮助餐饮企业找到及时、充足的信息。

餐饮市场环境包括一定时期内的相关政策法规，如行业政策、价格税收政策等；社会经济状况，如地区经济发展水平、居民收入水平、消费水平、消费结构等；社会环境，如地区人口数量、地理分布、人口结构、团体单位的数量及类型等；社会时尚的流行及变化趋势；与原材料供应相关的自然环境等。

（二）市场需求调研

餐饮经营目标的确定依赖于对市场需求的了解。餐饮企业的消费者因民族、职业、性别、年龄、地域等不同而类型较多，满足消费需求是餐饮企业进行生产和给消费者提供优质服务的中心任务，为了制定切实可行的经营目标，要对餐饮市场的消费需求进行调查。

餐饮市场需求调研主要包括以下方面：现有消费者的数量；现有消费者的回购率；现有消费者的地域分布情况；消费者的消费习惯；消费者的消费动机；消费者餐饮消费的档次和数量；消费者的口味特征；现有消费者和潜在消费者对本餐厅的评价等。

不同的消费者或不同层次的消费群体，对于需求的侧重不一样。任何企业都不可能同时满足整个餐饮市场千差万别的需求。在明确餐饮市场需求的基本情况后，可以根据消费者的不同特征进行划分，寻找适合企业的目标市场。

（三）餐饮产品调研

餐饮产品调研的目的是了解与餐饮企业产品策略有关的信息，这是餐饮企业客观认识自身生产水平、准确定位的依据。

餐饮产品调研主要从以下几方面进行：产品品种调研，如现有品种、品种特色、品种结构、消费者对某品种的认可程度、流行品种、稀缺品种等；产品质量调研，如产品外观、气味、品质、口感味道、分量、加工水平、卫生情况等；产品价格调研，如消费者对现行价格的接受程度、各类差价的合理性、价格对成本的反映程度、价格的市场竞争力等；产品新用途调研，如产品的新用法、新效能、新的消费群体等；产品发展调研，如产品生命周期状况、市场占有率、销售潜力、对新产品的评价等。

（四）市场竞争调研

餐饮企业在市场竞争中要想使自己处于有利地位，要对竞争者进行调研，以确定企业的竞争策略。

市场竞争调研的主要内容有：市场中的主要竞争者和潜在竞争者；竞争者所占有的市场份额；本企业在市场中所处的地位；竞争者的产品特点及消费者对其认可程度；竞争者的主要营销策略以及市场计划；竞争者的优势和缺陷；与竞争者相比，本企业的特色与优势。

通过对餐饮市场竞争环境的分析，不仅可以借鉴他人的长处和经验，还可以以此为依据制定企业的竞争策略，从而达到以己之长克人之短的效果。

（五）市场营销调研

市场营销调研主要针对销售渠道和促销方式展开。

餐饮企业在销售渠道调研中要了解：餐饮企业的主要销售渠道；各种分销渠道的

特点和效用；中间商的经营能力；消费者对其的评价；本地区团体购买者的规模及消费潜力等。

在促销方式调研中要了解：消费者对现有促销方式的反应；适合本企业产品特点的促销方式与活动；适合本企业产品及消费对象的广告媒体等。

当一系列营销策略确定并实施后，营销人员还要对各个阶段取得的效果进行分析，将实际情况与预期目标作对比后，完善原营销策略。

二、餐饮市场调研的类型

根据餐饮市场调研的目的，可以将餐饮市场调研分为探索性市场调研、描述性市场调研、因果性市场调研和预测性市场调研。

（一）探索性市场调研

探索性市场调研是企业对市场情况不甚了解或不知从何处寻找突破时所采用的一种方法。企业主要通过探索性市场调研来发现问题，以确定经营管理中的症结所在。如餐饮企业最近一段时间销售量下降，但原因不明，是产品质量出了问题，还是产品价格过高？是服务不好，还是市场上出现了新的竞争性产品？针对上述问题，餐饮企业可以对一些消费者、服务人员、营销人员进行探索性调研，从中发现问题的症结所在，并明确地标记出来，以便确定调研的重点。

为使市场调研在展开后能够顺利进行并最终达到预期目的，市场调研人员通常需要完成以下准备工作：掌握各种与自己即将开展的市场调研活动相关的问题和概念；了解餐饮企业决策者开展此项市场调研的意图；确定市场调研的对象；为选择更好的市场调研方式提供依据；获得修改调研问卷或实验和观察设计方案的依据等。此时，先进行一系列的探索性市场调研是一种较好的选择。

（二）描述性市场调研

描述性市场调研的目的是如实地描述和反映市场情况。多数市场调研属于描述性市场调研，如对市场需求潜力、市场占有率、分销渠道、促销方式等进行的调研。描述性市场调研比探索性市场调研更深入、更细致。描述性市场调研假定调研者事先对问题有一定的了解，为进一步研究问题症结存在的原因收集必要的资料，以说明“是什么”“何时”“如何”等问题。例如，在销售研究中，收集不同时间的销售量、广告支出、广告效果等，分析销售量与广告支出和广告效果的关系等。

描述性市场调研的任务主要有：全面、准确地描述市场整体环境特征；全面描述消费者的特征；分析主要竞争者的实力及其营销策略的特征；分析企业经营战略和营销策略在实施过程中的各阶段取得的实际效果等。

描述性市场调研要为进一步进行因果性市场调研和预测性市场调研提供资料和依据，其结果应准确、全面、公正，不带有个人偏见。

（三）因果性市场调研

因果性市场调研是在描述性市场调研的基础上，通过进一步深入分析，找出问题发生的深层原因或根本原因，并弄清楚原因与结果之间存在的数量比例关系。因果性市场调研多用于研究市场上某种现象产生的原因，用来解释“为什么”等问题，如消费者为什么喜欢某一产品，为什么销售额增加了，等等。

通过收集调研对象在发展过程中的变化与影响因素等资料，可以找到存在因果关系的变量，确定各变量与结果间的数量比例关系，得到影响调研目标的决定性变量及其影响方式和程度，从而帮助决策者确定解决问题的对策。

（四）预测性市场调研

预测性市场调研是收集调研对象过去和现在的各种市场情报资料，掌握其发展变化的规律，运用一定的方法估计未来一定时期内市场对某产品的需求量及其变化趋势。预测性市场调研是否科学与准确，关系到企业经营的方向是否正确以及企业能否掌握市场的主动权。

通常，探索性市场调研主要是为了发现问题并提出问题；描述性市场调研主要是为了说明问题；因果性市场调研主要是为了分析问题产生的原因；预测性市场调研主要是为了估计未来发展的趋势。这四种调研类型是相互联系、逐步深入的关系。但是它们之间的区别并非绝对的。由于餐饮市场情况复杂多变，经营管理问题多种多样，因此在决策过程中决策者进行市场调研的目的也不同。餐饮调研项目没有必要都从探索性市场调研开始，一个给定的营销调研项目也可能涉及多种类型的调研，以满足多种目的。

第三节　餐饮市场调研的程序

餐饮市场调研的每一阶段都有其特定的工作内容，以保证调研工作有序进行。餐饮市场调研程序大致划分为以下阶段：确定调研目标、制订计划、资料收集、整理分析、撰写报告。

一、确定调研目标

确定调研目标是寻找解决方案的第一步，调研目标的正确确定为整个调研过程提供了方向。在确定调研目标时，应尽量提出具体的数量目标及量化的问题。另外，在确定调研目标时，应找出问题的关键，确定调研的侧重点和选题。调研选题的界定要适当，如果选题太宽，将会使调研者无所适从，不能发现真正需要的信息；如果选题太窄，调研结果不能充分反映市场的状况，则调研起不到应有的作用。

二、制订计划

餐饮市场调研的第二步是制订计划去收集所需的信息，上报计划到调研机构及决策机构并得到批准。计划要写明数据的来源，如间接数据、直接数据或二者兼顾。计划还需确定取得数据的手段、研究的具体方法、样本计划、所需经费和进度安排等。

三、资料收集

资料收集是餐饮市场调研的执行阶段，可由餐饮企业自己的调研人员执行，也可由其他公司代办。由企业自己的调研人员执行时，企业能较好地控制资料的收集过程及数量；由其他公司代办时，工作进行得快，成本比较低。

一般来说，资料收集阶段所花经费较多、时间较多，也较容易出错。调研人员必须加强监督，保证计划正确执行，避免调研中出现问题。例如，想办法避免被调查者拒绝合作或提供有偏差信息等。

资料收集的主要步骤为设计餐饮调查问卷、选择与培训餐饮调研人员、实施调研。

（一）设计餐饮调查问卷

多数市场调研需要调查问卷。调查问卷的合理与否，直接关系到调查结果的正确与否，因此，必须精心设计调查问卷。进行调查问卷设计之前，需明确市场调研的基本主题，以及调查问卷的目的与市场调研主题之间的关系，正式使用调查问卷之前应在小范围内试用，检验调查问卷设计的合理性，发现问题，及时改进。

预先准备调查问卷，有利于调研工作有条不紊地进行，使收集的资料更规范，方便后续的资料整理工作。

（二）选择与培训餐饮调研人员

调研人员是调研工作的主体，是调研任务顺利完成的基本保证。要根据调研工作量的大小及调研工作的难易程度，配备一定数量、具有较高素质的工作人员，并且对其进行必要的培训。调研人员应具有较好的职业道德、业务素养和健康的身体以满足调研工作的需要。要针对调研目的、调研要求、调研对象的特点等对调研人员进行专业培训和技能培训，确保调研活动的公正、有效。

（三）实施调研

实施调研是指调研人员进行正式的调查活动。实施调研要求调研人员按照调研计划和培训中提出的要求进行工作。在调研过程中，调研人员应利用多种方法开展调查，始终保持客观态度，实事求是，做好调研记录。对于调查中出现的意外情况要灵活变通，因地制宜，力争取得较高的调查效率。如果调研活动规模较大，则必须对调研人员进行分工，在分工中要充分体现结构的合理性，以及公平、经济的原则，同时要加强监督，注意随时回收已完成的调研问卷，及时检查回收的调研问卷，注意对调研人员工作进行检查。

四、整理分析

餐饮市场调研所收集到的信息是分散的、零乱的，需要将这些信息资料进行整理、分组、计算、归纳和对比等，提炼出隐含在其中的有用或未知的信息，以得出科学的判断和结论。

餐饮市场调研的整理分析方法主要有定性分析法和定量分析法两种。定性分析法一般是预测者在大量信息的基础上，凭经验进行主观判断和分析，来推断事物的性质和发展趋势的分析方法。餐饮企业如果缺乏完备、准确的历史资料，则不应贸然使用定性分析法，这类餐饮企业可以邀请熟悉餐饮市场情况的专家，让专家根据经验进行分析判断，提出初步意见，再召开座谈会，对专家的初步意见进行修正、补充，以作为预测分析的依据。定量分析法是基于一定的餐饮市场数据进行研究的方法，即通过数学统计的方法对餐饮市场调研信息的数量特征、数量关系与数量变化进行分析的方法。随着计算机技术的发展，出现了数据采集和处理软件，这为餐饮市场调研工作带来了便利，大大缩短了数据处理和分析的时间。

另外，餐饮市场调研的分析结果应更多地采用图表等方式呈现，以便读者理解。餐饮市场调研数据的整理与分析是一项专业性、技术性很强的工作，要由专业的数据分析专家和有经验的调研人员共同承担。

五、撰写报告

这一阶段是提供调研结果的阶段，既可以口头汇报调研结果，也可以书面汇报调研结果，视调研问题的范围、复杂程度和重要性而定。调研人员需要简洁地描述自己的发现，提出结论，并向管理部门汇报。餐饮市场调研报告一般包括以下内容。

（一）导言

导言要对调研的原因、背景、目的和任务进行简要说明，对报告要说明的问题给予简要介绍。

（二）正文

正文包括调研的时间、地点、对象、范围、过程，同时要说明调研方法、程序及其局限性，列出统计数据并介绍采用的分析方法。

（三）结论

依据所调研的资料和数据给出结论。这往往是餐饮企业决策者感兴趣的部分，也是调研报告中至关重要的部分。

（四）附录

附录包括调查问卷、样本分析、统计图表、参考资料等。

市场调研的目的是根据调研结果做决策，因此调研结果的解释与呈现应简洁明了。解释调研结果是市场营销过程中的重要一步，在许多情况下，调研结果可通过多种途径来解释，而调研人员和管理人员一起讨论会使问题更清楚。

小资料

新一线城市千人早餐大调研

中国博大精深的美食文化赋予了人们琳琅满目的早餐选择。伴随中国越来越快的城市化进程，人们的生活节奏和消费观念也发生着变化，对早餐的品类与场景选择也愈发复杂、多元。据英敏特数据统计，中国早餐市场规模有1.7万亿元，其中外食早餐市场规模在7000亿～8000亿元，外食比例伴随城镇化率同向提升，到2019年达到45%，近几年受疫情影响有所降低。但外食早餐市场仍能维持一定的增速。以下调研是在长沙和郑州两座新一线城市的街头，通过近千人的问卷与拦访得到的部分调研数据。

吃什么：在主食品类里，中式主食占比87.1%，西式品类仅占12.9%。尽管面包、三明治、麦片等西式品类已经在中国渗透多年，但在长沙和郑州两座新一线城市，多数人有一颗朴素的“中国胃”。

喝什么：郑州早餐饮品中牛奶占比27%，豆浆占比25%，酸奶占比12%，而郑州特色饮食胡辣汤占10%，排在第四位，紧随其后的是咖啡，占比9%；在长沙，豆浆和牛奶是较受欢迎的早餐饮品，分别占比34%和29%，排在第三位的是咖啡，占比12%，酸奶占比9%。

在哪吃：郑州人更偏好在家吃早餐（居家早餐55%，外食早餐22%），而长沙人更偏好外出吃早餐（居家早餐26%，外食早餐46%）。居家早餐方面，以自制食品作为早餐的占比最高，为26%；包装食品其次，占比8%。外食早餐方面，以中式快餐占比最高，为14%。

花多少：在时间花费上，约60%的人吃早餐时间集中在10分钟以内；在金钱花费上，路边摊提供了实惠的早餐方案，七成左右的路边摊消费者花费在8元以下，中式快餐店和便利店分别以8.9元和10.4元提供了同样高性价比的选择，西式快餐店、咖啡店、面包烘焙店的平均支出相对较高，分别为13.2元、12.7元和14.4元。

另外，本次调研发现，人们较为关注早餐是否方便、快捷、干净卫生等，供给方基于人们的需求去做微创新可能带来业务突破的机会。

（资料来源：新一线城市千人早餐大调研，有改动。）

第四节　餐饮市场调研的方法

餐饮市场调研的方法很多，方法的选择应根据调研目标、内容和调研对象的特点而定。通常的做法是在确定调研对象后，采用案卷调研收集二手资料，利用实地调研收集一手资料。

一、抽样调研

抽样调研是指从调研总体中抽选出一部分要素作为样本，对样本进行调研，并根据调研结果推断总体情况的调研活动。从理论上说，对餐饮市场上所有的企业进行调研的结果更可靠，但市场情况复杂、范围广大，经常进行全面性调研是不可行的，所以，除特殊情况外，一般是从市场上选取一部分企业作为调研对象，然后以点带面，以部分情况推断出总体的情况。确定适当的样本大小，确定适当的调研对象，是做好市场调研的关键因素之一。

（一）随机抽样

这种方法在市场调研中经常采用。在随机抽样中，样本的确定不受人们主观意志的支配，而是采取一定的统计方法进行抽取，总体中的每一个个体都有被抽取的机会。

随机抽样主要有以下几种。

1. 简单随机抽样

简单随机抽样是对总体抽样对象中的所有个体对象按完全符合随机原则（随机数表）抽取样本的方法。简单随机抽样是最基本的抽样方法，适用于所有个体对象差别不大的情况。具体方法是将要调研的每个个体对象编号，制成规范化的卡片或纸条，打乱后随意抽取，抽中者即为调研对象。居民家庭生活收入调研、产品质量跟踪调研等，都可以采用这种方法。这种方法简单、方便，但随机性较强，有时选取的样本代表性较差。

2. 分层抽样

分层抽样是将总体抽样对象按照某种特征划分为各层，依据各层的个体对象数占总体抽样对象数的比例确定各层样本的大小，再按简单随机抽样的方法抽取各层样本，由各层的样本组成一个总样本。例如，在研究各类餐厅的季度销售额时，可以按规模将这些餐厅分为大、中、小三类，在每类中随机抽取若干个体对象，组成总样本。这种方法的优点是可以保证样本的均匀性和代表性。

按样本在各层中的分配是否与各层抽样对象占总体抽样对象的比例相等，分层抽样可分为等比例分层抽样和不等比例分层抽样。

3. 等距抽样

等距抽样是将总体抽样对象按一定的顺序排列，每隔一定的间隔抽取一个或若干个体对象，把这些抽取的个体对象组成总样本进行观察的一种抽样方法。等距抽样介于随机抽样和非随机抽样之间，关键在于抽取第一个个体对象时采取的抽样方法。

4. 整群抽样

整群抽样是当总体抽样对象中的个体对象自然组合为或被划分为若干个群后，从中抽取部分群并对抽中群内的全部个体对象进行调研的一种抽样方法。为了减少抽样误差，在分群时，要求群与群之间的差异要尽可能地小。

（二）非随机抽样

非随机抽样是指从总体抽样对象中按调研者主观设定的某个标准抽取样本的方法。这种方法是调研单位根据调研目的有意识地选取出少数具有代表性的个体对象，采用灵活机动的调研方法，以节省时间和人力，提高调查效率。非随机抽样适用于调查总体抽样对象庞大，调研人员对总体情况非常了解，能比较准确地选择有代表性的个体作为调研对象的情况。

1. 任意抽样

任意抽样是非随机抽样中较简便、较节省费用的方法，但抽样偏差大，其结果可信程度低。在总体抽样对象的差异较小的情况下，运用这种方法能获得较具有代表性的调研结果。

在实践中，任意抽样常用于街头访问或柜台访问。

2.判断抽样

判断抽样是由市场调查专家依据自己的判断来选取样本的一种方法。通过判断抽样抽取的样本是否具有代表性，依赖于抽样者对总体抽样对象的了解程度及其工作经验和判断能力。在进行判断抽样时，应尽可能使用可借鉴、可利用的有关总体情况，从中选取具有较高代表性的样本。这种方法简便易行，容易获得数据，但抽样结果不稳定。

3.配额抽样

配额抽样是指按一定的标准将总体抽样对象分成若干类对象，按各类对象占总体抽样对象的比例分配样本数额，由调查者主观选定样本的方法。在实践中，配额抽样简便易行，节省费用，能够较快地取得资料数据，样本也能大致上按总体的分布而抽出，因此使用较广。配额抽样的关键是控制特性指标选择得当，划分的各类对象之间差异性明显，而各类对象内的个体则趋于统一。此外，对各类对象占总体抽样对象的比例也需得当，以便于配额的分配。

二、案卷调研

案卷调研又称文案调研，是通过查询已经形成的或经过一定整理加工的二手资料来获取信息的方法。

案卷调研的特点：调研的对象是能反映某一或某些调研主题的资料；资料是已经存在的；资料具有一定的时效性，是可以参考和分析的；资料在较短的时间内容易获得，而且成本（与获得一手资料的成本相比）较低；与对一手资料进行调研相比，案卷调研的时效性较差。

在案卷调研时需要评估案卷资料的价值。调研者可以通过以下五个问题来评价案卷资料的价值：调研的目的是什么；什么人收集了这些资料；收集了一些什么样的资料；这些资料是如何获得的；这些资料与其他资料的相似程度如何。

在实践中，案卷资料可在政府资料库、图书馆资源、商业信息服务机构提供的资源、互联网资源和企业内部数据中查询，其中政府资料库的可信程度较高，企业内部数据容易得到且更新及时，而互联网资源是查询方便且有发展前景的案卷资源。

三、实地调研

实地调研又称直接调研，是指在周密的设计和组织下，由调研人员依照调研方案直接向受访者收集原始资料的调研方法。实地调研是市场研究者对餐饮市场做出全面、细致、准确分析判断所必须掌握的基本方法，是在二手资料收集基础上进行的一手资料收集工作。实地调研可分为询问调研、观察调研、实验调研。

（一）询问调研

询问调研是通过对受访者进行口头或问卷调查的方式，获得具体对象个体信息的方法的总称。询问调研方法可以单独使用，更可以结合使用。常见的询问调研方法主要有以下几种。

1.个别面谈

个别面谈是一种由调研人员直接与受访者进行单独沟通，以获得受访者的某种态度、观念等信息的调查方法。根据沟通地点的不同，个别面谈包括由调研人员主动上门的入户访问和双方到约定地点的个人访问两种具体方法。在条件允许的情况下，为提高信息的可信度以及及时对受访者提供的信息进行验证，调研人员应选择入户访问。

2.小组访谈

小组访谈是调研人员直接与受访者接触，通过沟通获取自己所需要信息的调研方法。小组访谈与个人访问、入户访问等实地调研方法的根本差异是：小组访谈过程的设计思想是通过多向沟通使小组成员之间的观点、想法产生更大的影响。小组访谈方法的使用，能够使调研人员迅速获得具有较强代表性且具有明显差别的态度、意愿、想法的受访者的信息。

当面对时间、费用等方面的压力，或者调研活动的对象特征等尚不明了的情况时，选择小组访谈法来获取信息是十分必要的。

3.电话调研

电话调研是由调研人员依据调研提纲或调查问卷，通过电话向受访者询问，从而获取所需要的资料的调查方法。这是为解决带有普遍性的急需问题而采用的一种调研方法。其优点是：获取信息速度快、效率高、成本低，并能用统一格式进行访问，所得资料便于统一处理。其缺点是：询问时间短，情况不具体。

4.问卷调研

问卷调研是调研人员采取各种书面形式与被调查者进行交流，以收集各种相关信息的调研方法。与其他询问调研方法的差别是，在问卷调研时，调研人员不再与被调查者进行面对面的直接交流，而是双方都“隐蔽”起来，借助书信、问卷来完成“提问到回答”的交流过程。调研人员向被调查者传递问卷的方式多种多样，导致问卷调查是由多种具体方法所组成的一个市场调研方法的“集合”。

（1）邮寄问卷调研。这是一种通过信函、邮寄询问表（或调查表）给被调查者，并由被调查者填制完毕后再寄回的调查方法。

这种方法的优点是：调研的区域广泛，被调查者有足够的时间来考虑答案，调研费用低。其缺点是：调查表的回收率低，回收时间较长。

（2）随附商品问卷调研。调研人员将所售商品作为传递调研问卷的媒介，商品的购买者即被调查者。调研问卷随商品一起送到购买者手中。这种调研问卷一般有随送的寄返信封，使这种调研方法更易于消费者接受。与邮寄问卷调研相比，这种调研方法可以节省收集被调查者地址的艰巨工作，且调研目标更明确。

（3）现场问卷调研。在行使的火车、汽车、轮船和飞机上，乘客们会有较多的空余时间，这就为调研人员提供了开展调研活动的时机。现场问卷调研将问卷调研和个别面谈结合在一起，取两种方法之长并各补其短。问卷调研中出现的差错，多由被调研者不能准确理解问卷中的某些问题所致，而在现场问卷调研中，被调查者可以获得调研人员对此类问题的当面解释。

（4）置留问卷调研。这是一种调查人员把调查表或问卷当面交给或转交给被调查者，并说明调研的要求，然后由被调查者填制完毕后寄回或调研人员收回的一种方法。这实际上是邮寄和走访相结合的调研方法。这种方法的优点是问卷回收率较高，能反映实际情况；缺点是调研费用较高、时间较长。

5.拦截式调研

小案例：
肯德基的询问调研

对于市场研究机构来说，许多时候对所要收集的信息有十分严格的准确性、数量性的要求，收集这些信息采用拦截式调研法不失为一种较好的方法。拦截式调研按使用的调研工具，可分为拦截式访问调研和拦截式问卷调研。前者是拦截后直接采用询问的方式收集信息，后者是拦截后通过请对方填写问卷的方式收集信息。

（二）观察调研

观察调研是指不需要与被调查者进行直接沟通，而是以旁观者的身份对具体事件、人物、行为模式等的特征、演变过程进行记录来收集相关信息的方法。

1.行为记录法

行为记录法是指由调研人员用特定的仪器把被调查者在一定时间内的行为记录下来，从中找出所需信息的方法。比如，在收集客流量、消费者选购行为模式等信息时，利用销售场所的摄像机摄录下一天中各个时间段的实际情况，这要比采用问卷调研等方法所得到的信息更加完整、可信。

现代信息技术也使得长期保留观察记录较易实现，为提高调研工作的效率创造了条件。现在，面对安装在销售场所各个角落的摄像机镜头，消费者已经习以为常，这提高了市场调研机构采用行为记录法收集信息的真实性和准确性。

2. 直接观察法

直接观察法是指调研人员通过直接观察被调查者的行为来收集信息的方法。调研机构会派出调研人员作为观察员到观察现场执行观察任务。在人员充足的条件下，调研机构会选择这种方法完成调研信息的收集工作。由于是通过观察员的感觉器官来收集被调查者的某些特征的信息，因此在观察过程中会渗入观察员的个人思想，即观察员所记录的信息，是经过他们自己的判断标准“过滤”的认知结果。

为隐藏观察行为，观察员经常扮成消费者或服务人员。扮成消费者可以获得更多的观察机会，进行全面细致的观察。但如果记录行为过于明显，会受到现场管理人员的干涉，阻碍观察活动。以服务人员的身份进行观察的目的是利用直接与消费者接触的机会，观察消费者购买行为的具体发展过程，发现其规律，为制定相关营销策略提供依据。不少餐饮企业的决策者和策略的制定者会通过参加具体工作来获得更多的“一线”情况。

3. 消费痕迹观察法

消费痕迹观察法是指对调查现场、调研对象的事后调查。例如，要收集反映几种饮料的市场占有率方面的信息，若采用询问调查方法不仅费钱、费时间，还由于无法对消费者回答的正确性进行必要的检验而无法确认所得信息的真实性，若采用消费痕迹观察方法，如对几个饮料消费较为集中的地方采用“废物丢弃箱查看法”，便可掌握几种饮料的大致消费情况——真实的市场占有率。实施消费痕迹观察法的关键要是选择理想的观察地区和选择适合的观察时间。

（三）实验调研

实验调研是指调查者在一定范围内有目的地控制一个或几个市场因素，以研究某个市场现象在这些因素的影响下所发生的变化的方法。这里的“实验”是先确定试点，通过试点取得经验，再由点到面进行推广。实验调研是目前消费品市场上普遍采用的一种方法。

如当餐饮企业要推出一种新产品时，按事先确定的调查项目选择一定的地点、对象和规模，开展小范围的实验，对实验结果进行全面分析、评价，通过消费者的反馈和建议改进新产品，进而将之推广上市。

实验调研的优点是方法科学，通过实验可以观察和分析某些经济现象之间是否具有相关关系，以及相关关系的密切程度；根据实验数据和结果，可以为预测和决策提供依据。实验调研的缺点是相同的实验条件不容易选择，变动的因素不容易掌握。实验调研的方法主要有如下两种。

1. 实验室实验调研法

这种方法在测试广告效果时经常采用。例如，某一餐饮企业想了解其要推出的新产品采用哪种广告形式比较受欢迎，就可以先找一些消费者，把已经设计好的不同形式的广告展示给他们，让他们评判哪种广告更适合他们。企业根据消费者的意见来确定最终的广告形式。

2. 试销实验法

这种方法是餐饮企业先用少量新产品针对有代表性的市场或消费者试销，根据市场或消费者对新产品的反映及评价确定新产品的营销策略。也可以在试销过程中设立评议意见箱，了解消费者对产品特色、质量、价格和服务等方面的意见和要求，以便及时改进。

上述是对询问调研、观察调研、实验调研的介绍，企业应根据实际情况确定采用哪种方法。如需要调研消费者的态度，以采用询问调研为好；如想了解消费者的消费行为规律，观察调研较为客观有效；如推广新产品，则采用询问调研与实验调研相结合的方法为好。

四、问卷设计

调查问卷是一组用于从调研对象处获取信息的格式化的问题，是收集餐饮市场一手资料的常用工具。一项市场调研的结果能否达到目的，以及所收集资料的可信程度和完备程度都取决于问卷设计水平的高低。

任何问卷都有三个目标：将所需要的信息翻译成一组调研对象能够并愿意回答的特定问题；促使、激励和鼓励调研对象在访谈中变得投入、合作并完成调查；提高调研对象回答问题的准确性。

在设计问卷时需要注意以下方面。

（一）准确界定调研问题

设计问卷时如果偏离主题，文字再华丽也于事无补。准确地界定问题相当于调研已经成功了一半。餐饮市场调研问卷的要求是：客观，客观反映调研主题和访问事实；有效，每个问题都必须有助于调研结果的实现，不出现任何无关的问题；简洁，简洁是问卷用语和问卷结构的共同特征；完备，完备的问题是确保调研问卷有效性的重要条件。

（二）收集相关资料

问卷设计者经常面对不同的调研主体，因此在问卷设计前需要收集餐饮产品的相关知识，分析、研究问卷设计的资料，确保问卷科学、合理。

（三）设定问卷结构

问卷的结构通常比较固定，也可根据调研需要适当改变。一般调研问卷是由许多问题和带有序号的答案项组成的，规范而完整的问卷包括以下六个部分。

1.眉头

出现在问卷的开端，有问卷名称、编号、调研组织名称、城市编号、访问员、问卷复核人、问卷编码员、录入员等。

2.介绍/开场白

介绍/开场白是关于调研情况的说明，有问候语、调研主题、调研组织、访问者身份、调研用途、访问请求以及其他信息。这部分可由访问员读出。

3.筛选

筛选是为选择符合调研要求的受访者而设，如调查消费者对可口可乐口味的满意度时，要筛选出饮用过可口可乐的消费者。

4.主体问题

这是问卷的主要部分。主体问题要体现出问卷调查的目的。

5.背景资料

背景资料主要是人文统计资料，多数放在问卷的最后。背景资料一般包括受访者的性别、年龄、婚姻状况、家庭人数、家庭或个人收入、职业、受教育程度等。

6.结束语

设计结束语的目的是告诉受访者问卷结束，访问完毕，同时表示感谢。

（四）设计问题并排序

设计恰当的问题有助于获得受访者的真实答案，每个问题及其选项答案都应经过仔细斟酌。设计问题时通常先形成问题的要点，再配好回答方式，然后将问题按某种标准适当归类排列。

在问题设计中应注意下列问题：恰当运用开放式问题和封闭式问题；合理安排实质性问题和辅助性问题；使用明确而非模棱两可的语句；合理安排备选答案；避免无法回答情况的发生；避免不愿回答情况的发生；确定问题的顺序。

（五）问卷修改

问卷修改就是将问卷的内容、措辞和格式进行最后修整和完善。问卷应尽量精简，删去没用或不相关的问题，适当增添问句使主题体现得完整、透彻；设计前后相关的对应问题以辨明受访者是否认真作答，将有逻辑问题的问卷筛去；推敲问句中的词句使其表达准确；将问题序号、答案序号统一化，以便于后期的阅读、记录、问题检查和数据录入，同时使问卷排版美观、打印精致以易于获得认可。

（六）问卷预测试

问卷预测试首先是案头主题预测试，主要由设计者自我测试，检验问题的相关性、完整性和表意准确性，其次是展开少量样本的试访问，从而发现各项问题在提问和答案中可能存在的缺陷和不足，同时预测完成问卷所需要的时间。

学习任务

餐饮市场调研报告写作的步骤如图3-1所示。

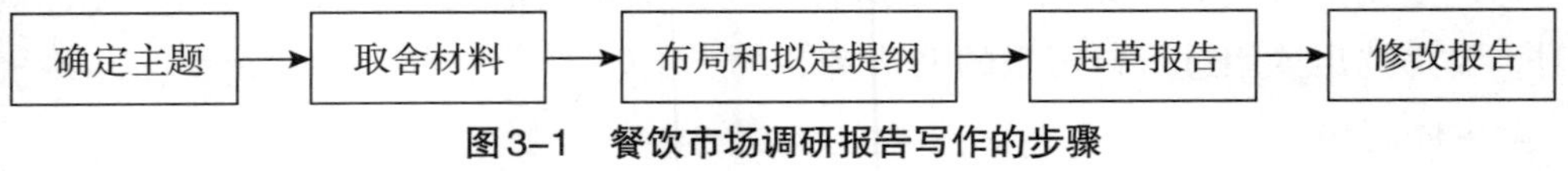

图3-1　餐饮市场调研报告写作的步骤

1.确定主题

主题是餐饮市场调研报告的灵魂，对餐饮市场调研报告写作的成败具有决定性的意义。因此，确定主题要注意：报告的主题应与调研主题一致；要根据调研和分析的结果，重新确定主题；主题宜小，且宜集中；与标题协调一致，避免文题不符。

2.取舍材料

对经过统计分析与理论分析所得到的调研资料，在组织餐饮市场调研报告时仍需精心选择。首先，要选取与主题有关的材料，去掉无关的、关系不大的、次要的、非本质的材料，使主题集中、鲜明、突出；其次，注意材料点与面的结合，材料不仅要支持报告中某个观点，而且要相互支持，体现整体性；最后，在选取好的材料中要比较、鉴别、精选材料，选择最具代表性的材料来支撑报告主题。

3.布局和拟定提纲

这是餐饮市场调研报告写作中的一个关键环节。布局就是指确定餐饮市场调研报告的表现形式，反映在提纲上就是文章的“骨架”。拟定提纲的过程实际上就是把调研材料进一步分类、构架的过程。提纲或骨架的特点是内在的逻辑性，要求必须纲目分明，层次分明。

餐饮市场调研报告的提纲有两种：一种是观点式提纲，即将调研者在调研中形成的观点按逻辑关系一一列写出来；另一种是条目式提纲，即按层次意义表达上的章、节、目，逐一写成提纲。

4.起草报告

这是餐饮市场调研报告的撰写阶段。要根据已经确定的主题、选好的材料和写作提纲，有条不紊地撰写。写作过程中要注意：一是结构合理；二是文字规范，具有审美性与可读性；三是通俗易懂，数字、图表、专业名词术语的使用要规范。

5.修改报告

报告起草好以后，要认真修改，主要是对报告的主题、材料、结构、语言文字和标点符号进行检查，加以增、删、改、调，确认报告准确无误之后，才能定稿向上报送或发表。

任务总结

市场调研是餐饮企业营销活动的起点，在广泛和科学地收集市场信息后进行深入分析，才能帮助餐饮企业制定合理的营销策略。餐饮市场调研的内容包括市场环境调研、市场需求调研、餐饮产品调研、市场竞争调研、市场营销调研等，餐饮企业需根据企业的调研目标，科学地制订调研计划后再收集信息，然后将收集的信息进行整理分析，最终形成餐饮市场调研报告。

餐饮市场调研报告是市场调研的总结，对餐饮企业市场决策有重要的指导作用。撰写餐饮市场调研报告时，要做好前期准备工作，了解报告的基本结构，掌握写作的注意事项。

实训项目

目标

1.通过训练，使学生能够掌握餐饮市场调研报告撰写的步骤和餐饮市场调研报告的基本结构。

2.通过训练，使学生掌握餐饮市场调研报告的写作技巧。

内容与要求

1.教师给出餐饮相关市场的调研数据，要求学生根据材料，撰写一篇市场调研报告。

2.让学生选择其所熟悉的某种餐饮产品，并对其在本地的市场销售状况进行市场调查，写出一篇小型市场调研报告。

3. 要求学生对一家熟悉的餐饮企业进行一次实际的电话调查活动。

组织与实施评价

1. 以项目团队为学习小组，3~4 人为一组，选出项目负责人。

2. 建立沟通协调机制，促进团队成员协作完成任务。

3. 各项目团队根据实训内容进行讨论。

4. 评价与总结：各项目团队提交实训报告，指导教师根据报告进行评估。

复习思考题

一、填空题

1. 餐饮市场调研的内容主要有____________调研、____________调研、____________调研、____________调研和____________调研。

2. 观察调研可分为____________、____________和____________三类。

3. 餐饮市场调研中资料收集的主要步骤为______________、______________和____________。

4. 企业对市场情况不甚了解或不知从何处寻找突破时所采用的调研方法一般属于____________。

5. 抽样调研方法一般分为____________和____________。

二、单项选择题

1. 根据餐饮市场调研的目的，以下不属于餐饮市场调研的是________。

A. 探索性市场调研　　B. 描述性市场调研

C. 目的性市场调研　　D. 预测性市场调研

2. 通常利用________收集二手资料。

A. 实地调研　　B. 询问调研　　C. 问卷调研　　D. 案卷调研

3. 下面不属于实地调研方法的是________。

A. 询问调研　　B. 观察调研　　C. 案卷调研　　D. 实验调研

4. 通过数学统计的方法对餐饮市场调研信息的数量特征、数量关系与数量变化进行分析的方法是________。

A. 定性分析法　　B. 定量分析法　　C. 对比分析法　　D. 层次分析法

5. 餐饮市场调研报告一般不包括________。

A. 参考文献　　B. 正文　　C. 结论　　D. 附录

三、简答题

1. 什么是餐饮市场调研？餐饮市场调研有哪些作用？

2. 餐饮市场调研的类型有哪些？

3. 餐饮市场调研的内容主要有哪些？

4. 餐饮市场调查问卷设计过程是什么？

5. 餐饮市场调研的一般程序是什么？

第四章　餐饮目标市场策略

学习目标

通过学习学生应掌握餐饮市场细分、餐饮目标市场选择、餐饮市场定位的概念；了解餐饮企业进行餐饮市场细分、餐饮目标市场选择和餐饮市场定位的意义；掌握餐饮市场细分的原则、方法和步骤；了解餐饮目标市场选择的程序和原则；掌握餐饮企业占领目标市场的营销策略；理解餐饮企业市场定位战略。同时，学生应能够运用餐饮市场细分标准对餐饮企业所面临的整体市场进行市场细分；能够选择适合的餐饮目标市场营销策略，帮助餐饮企业有效地进入并占领目标市场。

关键概念

餐饮市场细分　餐饮目标市场　餐饮市场定位

案例导入

“爸爸糖”专注烘焙细分市场

2016—2021年，中国烘焙行业复合增速超11%；2022年，中国烘焙食品行业市场规模达2853亿元，同比增长9.7%，预计2025年将达3518亿元。面对这千亿元烘焙市场，品牌如何稳步快速恢复疫情之前的状态，持续获得来自年轻消费群体的支持和青睐？只有具有扎实经营实力的烘焙品牌才能不被淘汰。

曾于2021年获得IDG资本上亿融资的手工吐司品牌“爸爸糖”，2022年新增门店近120家，平均每月开10家新店。“爸爸糖”曾斩获iSEE全球食品创新奖“最佳面包及面包制品”、TBI杰出品牌创新奖“年度品牌”等9大行业奖项。“爸爸糖”仅有手工吐司一个品类，却能7年拓店450家，获奖无数，受千万消费者持续追捧，凭什么？

第一，深耕细分市场，缔造“爸爸糖=现烤手工吐司”。“爸爸糖”品牌自成立以来，始终聚焦手工吐司赛道，持续创新，在这个细分领域做到“1米宽、100米深”。一方面不断满足消费者的多样化和新鲜感需求，研发天然健康的高品质吐司；另一方面通过打造更多爆款新品，有效拉升单店业绩，增强门店抵御风险的能力。

第二，打造消费场景，增强记忆点，实现高复购率。从传统认知上看，烘焙品类更偏于零售，消费者进店即买即走。如今，餐饮化已是烘焙市场的一大趋势。2022年，我国消费者的早餐食品总消费额达到2万亿元，其中60%~70%是烘焙产品，而吐司面包的市场认知度较高，具备刚需和高复购率的特点。根据调研数据，女性是烘焙食品的购买主力群体，占比约60.1%；其中22~40岁消费者占比达88.1%，这和“爸爸糖”的消费群体基本吻合。女性作为家庭消费的主要决策者，直接带动烘焙行业在家庭用餐、早餐等场景中的发展。作为一个有温度的烘焙品牌，“爸爸糖”坚持打造消费场景，聚焦家庭早餐场景，辅以下午茶和聚会场景，将售卖产品的规格进行了调整，大袋满足一家人的需求，小袋满足一人食。

第三，店型升级，提升品牌认知度。门店是品牌的“活招牌”，探索合适的门店模式，能为品牌发展注入新动力，增强品牌认知度。2022年2月，“爸爸糖”全国门店店铺形象4.0版本的迭代升级，正式落地上海龙之梦商场。“爸爸糖”以更加明亮的现做现烤氛围，更加高效、高转化的陈列方式，搭配显眼的门头形象形成全新的空间标准SI体系，为消费者带来更好的体验。

第四，拓宽营销渠道，加盟直营一体化运营。作为手工吐司赛道的头部品牌，“爸爸糖”并未止步于线下市场，而是积极探索线上。从天猫到饿了么、从美团到大众点评、从抖音到快手等，“爸爸糖”不断开拓新的营销渠道，持续收获新的成果。作为连锁加盟型企业，“爸爸糖”深知让加盟商赚钱、让加盟商满意，是品牌长期发展的基石。“爸爸糖”搭建了涵盖前期投资调研、资质审核、店铺选址调研评估、店铺签约和装修方案、设备采买和备货、前后场人员培训、开业促销营业辅导等保姆式的加盟服务，零基础的加盟商也能开好“爸爸糖”。

“一步领先，步步领先”，“爸爸糖”对于细分市场的深入耕耘和对新营销模式的快速响应，让其能够在变化莫测的市场中不陷入被动。让烘焙成为日常餐饮的重要组成部分，成为行业增量市场转型的内在驱动力。

（资料来源：爸爸糖逆势扩张，凭什么？有改动。）

案例分析

20世纪90年代，国际营销学大师菲利普·科特勒在《营销管理》中提出了“STP”战略，认为企业在确定自己的目标市场的过程中，要经历三个阶段：一是市场细分（Segmenting），即通过确定的细分变量来细分市场，勾勒细分市场的轮廓；二是目标市场（Targeting），即在评估每个细分市场的吸引力之后，选择目标细分市场；三是市场定位（Positioning），即为每个目标细分市场确定可行的市场定位，并选择、发展和传播所挑选的定位观念。“STP”营销是企业营销战略的核心，也是决定营销成败的关键。

任何餐饮企业无论规模如何，都无法满足整体市场上的所有需求。这就要求其管理人员进行详细的营销调研之后，选择本企业的目标市场，然后再根据目标市场的需要，确定营销因素组合，以便有效地为目标市场服务。

知识准备

第一节　餐饮市场细分

实施市场细分、选择目标市场是企业制定市场营销战略的前提条件。餐饮企业必须根据自己的实际情况，有针对性地满足某一部分消费者的特定需求。

一、市场细分的概念

市场细分概念最早是由20世纪50年代美国市场营销学家温德尔·史密斯（Wendell Smith）提出的。市场细分又称为市场分割，是按照购买者的需求和欲望、购买态度、购买行为特征等不同因素，把一个市场划分为若干具有不同需求特征的市场的过程。这一概念的提出是市场营销思想和战略的新发展，是针对现代市场的复杂性以及庞大的规模而提出的一种需求分类方法，对企业提高营销效率具有十分重要的意义。

二、餐饮市场细分概念及其作用

餐饮市场细分是在市场细分的基础上发展起来的，其概念也是以市场细分为基础的。

（一）餐饮市场细分的概念

餐饮市场细分是指餐饮企业根据消费者对餐饮产品需求的差异性，将餐饮市场划分为若干具有不同需求特征的子市场，从而使餐饮企业有效地分配和使用现有资源，进行各种营销活动的过程。

（二）餐饮市场细分的作用

餐饮企业经营不善的重要原因之一是无的放矢，没有明确自己的细分市场。尤其当市场上已有相当数量的同类产品时，市场细分就显得十分重要，餐饮市场细分对餐饮企业的作用，主要表现在以下几个方面。

1.有利于餐饮企业发现市场机会，选准目标市场

通过市场细分，餐饮企业可以有效地分析和了解各细分市场需求的满足程度和市场竞争状况，从而发现那些需求潜力大、竞争少且可以利用本企业优势迅速占领的细分市场，将其作为本企业的目标市场，提高市场占有率。

2.有利于针对目标市场制定营销组合策略，将有限的资源集中在目标市场上

通过市场细分，餐饮企业可根据自身的状况和条件，选择适合本企业发展的一个或几个目标市场，根据目标市场的需求，有针对性地开展营销活动，确定服务方向、产品战略，更合理地制定营销组合策略。这样可以有效利用人、财、物、时间、空间和信息等有限资源，以较少的营销资源取得较大的经营效益。

3.有利于制定灵活的竞争策略，最大限度地提高经济效益和社会效益

通过细分市场，餐饮企业了解到目标市场的消费特征之后，可集中力量对一个或几个细分市场进行市场营销，突出餐饮企业产品和服务特色，制定灵活的竞争策略，及时调整餐饮企业产品、价格、销售渠道及促销手段，提高餐饮企业的竞争能力。同时可以向满足需求的多样性和深层次发展，提高消费者的满意程度，提高企业的经济效益和社会效益。

三、餐饮市场细分的原则

要使餐饮市场细分有效地发挥作用，在对餐饮市场进行细分时，必须遵循以下原则。

（一）可衡量性原则

各细分市场的需求具有明显差异性，不同细分市场的需求特征、购买行为等要明显地区分开来，各细分市场的规模和购买力等能具体测度，可以从质和量两个方面为制定营销策略提供可靠依据。这也是市场细分的根本意义所在。

（二）可营利性原则

细分市场的规模足以使餐饮企业营利。同时，该细分市场还应具有一定的发展潜力，使餐饮企业不仅可以在短期内从中营利，通过调整产品、价格、销售渠道等还可以进一步扩大市场，使之保持持久营利。

（三）可进入性原则

餐饮企业应判断其自身是否能够有效地进入并占领细分市场。市场细分的目的是找出可进入并能够占领某市场的机会。如果餐饮企业进行市场细分的结果表明，该细分市场竞争十分激烈，本企业现有实力根本无法与之竞争，或虽然竞争不太激烈，但

本企业不具备占领该细分市场的能力和条件，则这种细分也是无效的。

（四）稳定性原则

细分后的市场应具有相对的稳定性。严格的餐饮市场细分是一项复杂而又细致的工作，如果细分后的市场变化太快，会使制定的营销组合很快失效，造成营销资源损失，使营销活动前后脱节，甚至使企业处于被动局面。

（五）合法性原则

餐饮企业的市场细分还必须在法律允许的范围内进行。有些不健康的市场需求虽然有利可图，但为法律所不允许，也不可作为细分市场的依据。

四、餐饮市场细分的标准

市场细分的依据是客观存在的需求差异性。差异性很多，究竟按哪些标准进行细分，没有固定不变的模式。各餐饮企业可选择适合自身资源的一种或多种不同的变量进行细分，以求得最佳的营销机会。影响餐饮市场消费需求的因素，即用来细分餐饮市场的变量可以概括为四类：地理变量、人口统计变量、心理变量和行为变量。

（一）地理变量

餐饮企业可依据消费者所在地理位置、地形气候、自然环境等地理变量细分市场。以地理变量作为餐饮市场细分的依据，主要是由于不同地理环境下的消费者对产品和服务往往会有不同的需求和偏好，以至于对餐饮企业所实施的各种营销策略的反应也常常存在差异。

（二）人口统计变量

人口统计变量是指年龄、性别、收入、受教育程度、职业、民族、宗教等。人口统计变量由于较其他变量更容易衡量和区分，且与消费者的饮食偏好和生活习惯等都有密切联系，因此成为区分消费者群体常用的依据。

1.年龄和性别

建立在人口基本自然属性基础上的年龄、性别两个因素，不仅能从生命活动过程与生理上直接影响餐饮消费需求，而且能通过影响消费者的收入和社会角色等因素间接影响餐饮消费需求。年龄和性别因素是细分餐饮市场的主要因素之一。餐饮市场按年龄一般可分为儿童餐饮市场、青年餐饮市场、中年餐饮市场和老年餐饮市场。男女在餐饮方面也存在一定的差别，餐饮企业应重视不同性别的消费者的餐饮偏好，针对主要目标人群展开营销活动。

2. 收入、受教育程度和职业

收入主要是指消费者的家庭收入和个人收入水平。由于餐饮消费属于家庭基本的生活消费支出，家庭收入和个人收入水平的高低直接影响餐饮消费水平、消费构成、购买习惯和偏好，因此以消费者收入细分餐饮市场具有较为普遍的意义。受教育程度和职业的不同，使消费者对餐饮产品的口味、营养价值等的关注度存在差异。

3. 民族和宗教

民族和宗教涉及消费者的文化背景。不同民族和具有不同宗教信仰的人，餐饮习惯有着巨大的差异。我国是多民族国家，不同的民族有不同的宗教信仰，对餐饮的要求千差万别，餐饮企业一定要事先深入调查研究，避免与消费者的餐饮习惯发生冲突。

（三）心理变量

根据消费者心理特征也可以细分市场。不同的消费者群体有着不同的心理特征，对同类产品的偏好和态度也会不一样。心理特征十分复杂，包括个性、购买动机、价值观念、生活格调以及对营销策略的反应程度等。人们去餐厅就餐，并不单单是为了填饱肚子、满足食欲，他们的选择往往体现了他们的心理追求。只有正确地把握消费者的心理特征，在营销活动中才能做到有的放矢。

（四）行为变量

行为变量主要包括消费者的购买时机、追求的利益、消费状况和频率、品牌忠诚程度等。由于消费者的行为能决定消费的结果，因此行为变量成为细分市场至关重要的出发点。

1. 购买时机

按消费者购买产品的时机细分餐饮市场已成为越来越多的餐饮企业扩大销售的常用手法。例如，在春节、中秋节、国庆节等节日的前后，餐饮企业可以把特定的市场需求作为短期营销目标，以扩大销售。

2. 追求的利益

消费者去餐厅消费所要追求的利益，往往各有侧重，可依此细分餐饮市场。一般来说，消费者所追求的利益主要表现为满足食欲、调节口味、方便省事、体现身份和地位等。

3. 消费状况和频率

按照去餐厅的消费状况和频率可将消费者分为四种群体。第一，尝试者群体。这类消费者愿意到各处新开业的餐厅去尝试，并判断该餐厅是否可接受，新的餐饮企业应该设法吸引这类消费者。第二，尝试者的朋友群体。这类消费者往往是通过尝试者的推荐而去就餐。第三，多数人群体。这类消费者只在餐饮企业经营成功之后才去就餐，若满意会成为回头客。第四，稀客群体。这类消费者不常外出就餐，只在庆祝周年、生日或一些特殊场合下才外出就餐。

4.品牌忠诚程度

就消费者对品牌的忠诚程度来看，许多消费者存在不同程度的“品牌偏好”。根据对品牌的偏好状况，可将消费者划分为单一品牌忠诚者、多品牌忠诚者和无品牌忠诚者等群体。

以上四种变量是餐饮市场细分的主要依据。在实际营销过程中，餐饮企业应根据自身的优势和外部环境条件等具体情况灵活运用，不能生搬硬套。餐饮企业还应经常调查研究所用变量的变化情况和趋势，并依此调整细分市场。

五、餐饮市场细分的步骤

市场细分的步骤因市场类型不同而各有差异。美国市场营销学家麦卡锡提出了市场细分通常采取的7个步骤，可供餐饮企业细分餐饮市场时借鉴。从总体上看，餐饮市场细分的一般程序如下。

（一）选择准备研究的餐饮市场或其产品与服务的范围

餐饮企业准备研究的餐饮市场可能是企业已经为其提供产品和服务的，也可能是企业正准备确定开发的。餐饮产品与服务可能是餐饮企业已经在营销的，也可能是正准备投入市场的，还可能包括更为广泛的相关产品。范围的确定应视餐饮企业市场细分的目的而定。

（二）探查潜在消费者的基本需求

在选定产品市场范围的前提下，餐饮企业可从地理、人口、心理、行为等方面，估计潜在消费者的需求，并采取开放性面谈等方式进行尝试性调查，以了解市场需求状况。将所有可能的影响因素收集起来之后，餐饮市场研究人员凭直觉、创造力和市场知识，从中选择较为重要的因素作为进一步定量调查的变量。

（三）正式调查并确定餐饮市场细分变量

在初步调查结果的基础上，餐饮企业根据已经确定的变量设计正式的调查问卷和抽样样本，开展正式调查。对不同类型且具有鲜明特征的潜在消费者进行调研，了解他们较为迫切的需求，然后加以归纳、集中，选出两三个变量作为市场细分的标准。

（四）分析和预测并划分相应的市场群

对调查问卷进行分析，一方面要找出各个细分市场之间的差别，另一方面要预测各个细分市场的潜力。

（五）描绘细分市场

描绘细分市场的内容应当包括细分市场的规模、增长潜力、品牌状况、潜在利润等，还应当包括各种变量，如个性变量、心理变量、社会变量、文化变量等，在各个细分市场中的重要性和影响方式。结合各个细分市场消费者的特点，为各个细分市场命名。

（六）进一步分析各细分市场的具体特点

深入考察细分市场的特点，分析各市场中消费者的不同需求及购买行为，了解影响细分市场的新因素，决定各细分市场有无必要再作细分或重新合并，使之不断适应市场变化。

（七）评估各细分市场

基本确定各细分市场的类型后，餐饮企业应测量各细分市场潜在消费者的数量，因为潜在消费者的数量决定了餐饮企业产品的潜在销售量。

小资料

细分餐饮品类麻辣烫的市场选择

据国家统计局数据显示，2022年，全国餐饮收入43941亿元，同比下降6.3%；限额以上单位餐饮收入10650亿元，同比下降5.9%。而麻辣烫作为中国餐饮市场中的一个细分市场，其增长速度迅速。据红餐网出版的《中国餐饮发展报告2022》显示，全国麻辣烫市场规模由2016年的约968亿元，增加至2019年的约1306亿元。受疫情影响，2020年麻辣烫市场规模缩小至1142亿元；2021年麻辣烫市场规模回升至1291亿元，同比增速为13.0%；2022年麻辣烫市场规模进一步增长，达到1404亿元；2025年预计规模有望冲击2000亿元。麻辣烫市场能出现如此繁荣景象，与近些年人们口味的变化、二三线及以下城市的消费升级不无关系。

从国民饮食喜好来看，“辣”味儿越来越受人们欢迎。2010年一项对中国人的饮食状况的调查显示：川菜位居受欢迎榜之首，各种口味中，“辣”味的喜爱者最多，占

40.5%。《2018全国调味品行业蓝皮书》数据显示，辣味调味品占所有调味品的30.88%。起源于四川乐山的麻辣烫，顺利地搭上了口味变化的东风。从饮食差异来看：一线城市节奏快，人们的日常饮食以外卖居多，口味种类繁多，麻辣烫并不一定能从中脱颖而出；而小城人民在家做饭较多，吃多了家常菜，出门餐饮消费会更倾向于重口味的，麻辣烫便成了小城人民清淡家常口味以外的良好补充。

麻辣烫的主战场毫无疑问是二三线及以下的下沉市场。首先，二三线及以下城市人口基数大。餐饮做的是“人”的生意，哪里人多，哪里就是主战场。在我国，二三线及以下城市的人口占有绝对比例，具有天然的优势。其次，二三线及以下城市正在消费升级。美团发布的《中国餐饮大数据2021》数据显示，三四线及以下城市的餐饮消费需求得到有力提升。相比2019年，2020年一线及新一线城市人均消费有所下降，二线城市大致持平，三四线及以下城市人均消费均有增长，且人均年消费涨幅均高于一线城市。三四线城市平均线上餐饮消费额为48.5元，同期增长2.4%，消费额已趋近新一线城市。

（资料来源：杨国福，冲击上市，揭开餐饮业的“小城之春”，有改动。）

第二节　餐饮目标市场选择

通过餐饮市场细分，餐饮企业会发现具有不同需求的消费者群体，发现市场上未得到满足的需求。在任何时候和地点，都会存在一些“未满足的需求”，这种“未满足的需求”就是市场机会。但并不是所有的市场机会都会成为餐饮企业的机会。一般来说，只有餐饮企业的目标、任务、资源条件与市场机会相匹配并且在应对这一市场机会时，餐饮企业比其他竞争者具有更大优势的情况下，市场机会才是企业机会。

一、目标市场与餐饮目标市场的概念

市场的选择事实上是对满足餐饮市场上哪一类消费需求所作的选择，确定了市场，也就基本上确定了餐饮企业的目标市场。

（一）目标市场的概念

目标市场是指企业在评价各细分市场的基础上，根据自身的条件，所选定的一个或几个能给企业带来最佳经济效益的细分市场。

（二）餐饮目标市场的概念

餐饮目标市场是指餐饮企业在市场细分的基础上确定的最佳细分市场。餐饮目标

市场是餐饮企业为满足现实和潜在的餐饮消费需求而开拓或即将开拓的特定市场，具有这一类餐饮消费需求的消费者将成为餐饮企业营销活动的对象。

餐饮目标市场与餐饮市场细分是两个既有区别又有联系的概念。餐饮市场细分是发现餐饮市场上未满足的需求与按不同变量划分消费者群体的过程，确定餐饮目标市场则是根据餐饮企业自身条件和特点选择某一个或几个细分市场作为营销对象的过程。因此，餐饮市场细分是选择餐饮目标市场的前提和条件，而餐饮目标市场的选择则是餐饮市场细分的目的和归宿。

二、餐饮目标市场选择的意义

选择好目标市场，对于餐饮企业来说具有十分重要的意义。

（一）直接关系到餐饮企业的兴衰成败

目标市场的准确选择，是餐饮企业生存和发展的重要条件。餐饮企业所面对的目标市场的状况，在一定程度上预示着企业未来的命运。

（二）提高餐饮企业的竞争力

目标市场的准确选择，有利于餐饮企业确定其在该市场的销售潜力，确定市场机会是否与其任务和目标相匹配，确定其是否具备利用市场机会的条件，从而使餐饮企业更好地发掘和把握市场机会，以增强餐饮企业的竞争力。

（三）制定营销策略及选择营销组合的前提条件

目标市场的准确选择，是餐饮企业分析对各细分市场可采用的市场营销组合的前提条件，餐饮企业会依据所选的目标市场判断投入与产出。

三、餐饮目标市场选择程序和原则

目标市场的选择对餐饮企业至关重要，因此餐饮企业必须认真评估目标市场的营销价值，研究其所面对的各类细分市场的规模、盈利能力、需求变动趋势，并分析其对细分市场的控制能力等。餐饮企业在选择目标市场时，需要遵循一定的程序和原则。

（一）评估细分市场

这是选择目标市场的第一步，即对细分市场的规模与发展前景、细分市场结构的吸引力、企业的目标和资源等方面予以准确评估，把握最佳的市场机会，决定细分市场的取舍。

1.细分市场的规模与发展前景

目标市场应具备一定规模，使餐饮企业有获利空间。市场规模是一个相对的概念，大型餐饮企业偏好大市场，往往对潜在消费者感兴趣。而一些中小型餐饮企业则可避开与大型餐饮企业的竞争，以经常光顾的老客户为主要服务对象。市场规模可以用市场容量来衡量，一个理想的市场，既要有适当的现实容量，又要有良好的发展前景。有一定容量的市场才符合餐饮企业不断发展的需要。

2.细分市场结构的吸引力

细分市场可能具备理想的规模和发展前景，然而从盈利的角度来看，未必有吸引力。细分市场结构的吸引力可以视为对该市场利润的期望值，期望值高，则吸引力大。细分市场结构的吸引力是依据行业竞争、潜在进入者、替代者、购买者和供应者这五种要素在细分市场上的强弱来决定的。分析每一个细分市场结构的吸引力，是餐饮企业选择目标市场的基础和出发点。

小知识

五力分析模型

五力分析模型由迈克尔·波特（Michael Porter）于20世纪80年代初提出，可以有效地分析企业的竞争环境，对企业战略制定产生了全球性的深远影响。“五力”分别为：供应商的讨价还价能力、购买者的讨价还价能力、潜在竞争者进入的能力、替代品的替代能力、行业内竞争者现在的竞争能力。这五种能力的不同组合会影响行业利润的变化。

一、供应商的讨价还价能力

供应商主要通过提高投入要素价格与降低单位价值质量，来影响行业中现有企业的盈利能力与产品竞争力。供应商的讨价还价能力的强弱主要取决于他们提供给购买者的投入要素，当供应商提供的投入要素价值占据了产品总成本的较大比例，对产品生产过程非常重要，或者严重影响产品的质量时，供应商对于购买者的潜在讨价还价能力就大大增强。

二、购买者的讨价还价能力

购买者主要通过压价与要求提供较高水平的产品或服务质量，来影响行业中现有企业的盈利能力。

三、潜在竞争者进入的能力

新进入市场的企业在给行业带来新生产能力、新资源的同时，希望在已被现有企业瓜分完毕的市场中赢得一席之地，这就有可能与现有企业发生原材料与市场份额的竞争，最终导致行业中现有企业盈利水平降低，甚至危及这些企业的生存。

四、替代品的替代能力

两个处于不同行业中的企业，可能会因所生产的产品互为替代品而产生竞争，这种源自于替代品的竞争会以各种形式影响行业中现有企业的竞争战略。

五、行业内竞争者现在的竞争能力

大部分行业中的企业，相互之间的利益是紧密联系在一起的。作为各企业整体战略一部分的竞争战略，其目标在于使得企业获得相对于竞争者的优势。所以，在实施过程中就必然会产生冲突与对抗，这些冲突与对抗就构成了现有企业之间的竞争。现有企业之间的竞争常常表现在价格、广告、产品介绍、售后服务等方面，其竞争强度与许多因素有关。

（资料来源：百度百科，有改动。）

3. 餐饮企业的目标和资源

餐饮企业进行市场细分的根本目的就是要发现与企业自身的资源优势相契合的市场需求。即使某个细分市场具有一定规模和发展前景，并且其市场结构也有吸引力，餐饮企业仍需将其自身的目标和资源与其所在细分市场的情况结合在一起考虑。

（二）选择目标市场

对各细分市场进行评估后，餐饮企业应根据一定的原则来确定其中的一个或几个作为目标市场。餐饮企业在进行目标市场选择时应遵循以下原则。

1. 目标市场必须与餐饮企业的经营目标和企业形象相符合

高档次、集团化的餐饮企业较难进入中档、低档的消费市场。反之，中档、低档的餐饮企业对经济收入较高、社会地位较高的消费者吸引力较弱。即使是吸引力大的细分市场，一旦与企业的长期经营目标相偏离，餐饮企业也只能放弃这一细分市场。因此，餐饮企业选择目标市场时应考虑企业的经营目标和企业形象。

2. 目标市场必须与餐饮企业所拥有的资源相匹配

餐饮企业所拥有的人力、物力、硬件设施、软件条件等是选择目标市场的重要依据。在所选择的目标市场上，餐饮企业应该能充分发挥自身的优势，充分利用自身资源，扬长避短，突出自己的特色，使企业营销获得成功。

3. 目标市场必须具备结构性吸引力

如果一个细分市场具备众多竞争者，则该细分市场的结构性吸引力对于餐饮企业而言会下降。餐饮企业选择目标市场时要注意目标市场的结构性吸引力，同时要

小案例：
全球最大蛋糕店倒闭，烧钱造梦不可取

预测目标市场是否具有潜在效益。在选择目标市场时不仅要注重销售量，还要重视利润。

4.餐饮企业必须对目标市场有较强的控制能力

餐饮企业应对目标市场有较强的控制能力，以确保其不容易被竞争者排挤掉。餐饮企业对目标市场的控制力表现在三个方面：一是目标市场上没有竞争者或竞争者很少；二是有少数竞争者，但竞争不激烈；三是餐饮企业有足够的实力击败竞争者。

四、餐饮目标市场营销策略的选择

选择目标市场的目的，是开发和占领目标市场。因此，餐饮企业必须进一步研究、制定和实施进入、占领目标市场的营销策略。

（一）餐饮目标市场基本营销策略

与其他企业一样，餐饮企业占领目标市场的基本策略有三种，即无差异性营销策略、差异性营销策略和集中性营销策略。餐饮企业可以根据实际情况和具体需要从三种目标市场策略中择优选择。

1.无差异性营销策略

无差异性营销策略是指餐饮企业只提供一种产品和实施一种市场营销组合，试图去满足整体市场上大多数消费者某种共同需求的策略。

该策略的优点是：因产品销售量较大，餐饮企业的生产能力容易实现经济规模，可以降低餐饮企业的经营成本和营销费用。其缺点是：容易使餐饮企业忽略市场需求的差异，对市场需求的变化反应迟钝，从而增加餐饮企业的经营风险。

餐饮企业采用无差异性营销策略一般要具备以下条件：第一，有大规模的单一餐饮产品生产线；第二，有广泛的销售渠道；第三，餐饮产品在消费者中有广泛的影响，且质量好，餐饮企业有独特的不易外泄的生产诀窍；第四，餐饮产品用于满足人们的基本需求，消费者的需求差异较小；第五，餐饮企业目前处于需求大于供给的卖方市场中。

2.差异性营销策略

差异性营销策略是指餐饮企业为细分出的所有子市场提供互有区别的产品，并分别为各子市场实施一组富有特色的市场营销组合，以满足所有子市场各自特殊需求的策略。

该策略的优点是：由于餐饮企业推出多种产品，实施多种营销组合，因此有利于提高销售总额，扩大餐饮企业的总体市场占有率，同时有利于提高餐饮企业的知名度和树立餐饮企业形象。其缺点是：资源分散经营、产品的种类较多等，使单位产品的生产成本和经营费用相应增加。

选择这一策略的餐饮企业需要具备如下条件：第一，有一定的规模，人力、物力、财力较雄厚；第二，餐饮企业的技术水平、设计开发能力与之相呼应；第三，餐饮企业有较好的营销能力，具有鲜明的形象；第四，市场的需求差异较大，而餐饮企业在各细分市场上的吸引力较均衡。

3.集中性营销策略

集中性营销策略是指餐饮企业将自身的资源集中在某一个或少数细分市场上，实行专业化生产和销售，使餐饮企业在目标市场上有较高市场占有率的策略。

该策略的优点是：生产、服务和销售等方面的专业化降低了餐饮营销的成本。其缺点是：当目标市场发生不利于餐饮企业的变化时，无形中增加了餐饮企业的经营风险，同时餐饮企业在某一目标市场树立了自己的形象后，很难再改变形象去吸引其他的细分市场。

这一策略适合实力薄弱的中小型餐饮企业。

（二）影响餐饮企业选择目标市场营销策略的因素

目标市场选择的正确与否，对于餐饮企业的营销成败极为关键。影响餐饮企业选择目标市场营销策略的因素是多方面的，必须将各种相关因素综合起来考虑。影响餐饮企业选择目标市场策略的因素包括以下几点。

1.餐饮企业资源

餐饮企业对已有资源的正确认识是餐饮企业选择目标市场营销策略的前提和关键。在竞争激烈的餐饮行业，餐饮企业在选择目标市场营销策略时，一定要充分考虑本企业的资源情况，否则很容易被淘汰。餐饮企业资源包括人力、财力、物力及企业形象等方面。如果企业规模较大，实力雄厚，有能力占领更大的市场，可选择差异性营销策略和无差异性营销策略。反之，如果企业资源有限，实力薄弱，无力兼顾整体市场或更多的细分市场，可采用集中性营销策略。

2.市场同质性

若餐饮市场上消费者的需求或偏好具有相似性，购买数量和方式无明显差异，说明市场同质性较高，可采用无差异性营销策略。反之，如果市场同质性较低，则采取差异性营销策略或集中性营销策略。

3.产品同质性

产品同质性是指本企业产品与其他企业产品的相似性。一般而言，如果餐饮企业提供的产品与其他企业提供的产品同质性较高，宜采用无差异性营销策略。反之，则适合采用差异性营销策略或集中性营销策略。

4.产品生命周期

一般而言，如果产品处于投放期或成长期，竞争者少，可采用无差异性营销策略，以尽快进入市场。而当产品处于成熟期时，竞争者的数量增多，则改用差异性营销策略更有效。当产品进入衰退期，采用集中性营销策略较为合适。

5.竞争者数量

当竞争者的数量较少，竞争不激烈时，一般采用无差异性营销策略。而当竞争者的数量较多，竞争激烈时，则宜采用差异性或集中性营销策略。

6.竞争者的营销策略

一般来说，餐饮企业应尽量采取与竞争者相悖的营销策略，避免与其正面冲突。当然，这要具体分析本企业与竞争者之间的实力状况，如果本企业实力强于竞争对手的实力，可采用与竞争者相同的营销策略。

总之，餐饮企业应综合考虑各方面因素，选择适宜的营销策略，或组合运用多种营销策略，扬长避短，把握有利的市场机会，获得良好的营销效果。

第三节　餐饮市场定位

市场定位是餐饮企业一项重要的营销策略。一方面，消费者在消费过程中会对餐饮企业的产品和服务等进行“定位”，这种定位是结合知觉、感觉等形成的综合印象。另一方面，在餐饮企业选定的目标市场上，往往会有同类产品和服务出现，餐饮企业为了出奇制胜，就必须了解现有竞争者的实力、经营特色和市场地位等，从而确定本企业的产品或营销策略，以及进入目标市场后的市场地位。

一、市场定位与餐饮市场

早在20世纪40年代，“定位”一词就出现在市场营销的著作中。随着市场营销研究的发展，市场定位逐渐包括使产品在消费者心目中更加具有吸引力，并创造一个更加有利的销售地位的含义。20世纪60年代，企业形象受到理论界和实业界的重视和研究，这也使市场定位得到进一步发展。20世纪70年代后，企业更加重视消费者的心理因素，更加重视产品在消费者心目中的形象的塑造。随着研究的逐步深化，市场定位的概念也日趋完善。

（一）市场定位的概念

市场定位就是企业找准自己在消费者心目中的位置，其任务是为本企业或本企业产品在目标消费者心目中树立一个与众不同的形象。作为市场营销中的一项战略性工作，定位指的是完成上述任务的活动过程；作为这一工作的结果，定位指的是本企业使自己或自己的产品在目标消费者心目中所要占据的地位，也就是说，在目标消费者心目中所要树立的形象。

（二）餐饮市场定位的概念

餐饮市场定位，是指针对市场的竞争态势，餐饮企业在市场中和在潜在消费者的心目中为自己的产品和市场营销组合寻求和确定一个恰当的位置的活动。换句话说，餐饮市场定位就是确定餐饮产品和服务在餐饮市场上的位置，这种位置取决于消费者怎样认识这种产品或服务。具体地讲，就是餐饮企业从各方面为餐饮企业创造特定的市场形象，使之与竞品不同，以求目标消费者对之形成一种特殊的偏爱。

餐饮市场定位的实质是取得目标市场的竞争优势，确定餐饮产品在消费者心目中的位置并留下值得购买的印象，以便吸引更多的潜在消费者。因此，餐饮市场定位是餐饮企业目标市场营销策略体系中的重要一环。餐饮市场定位对餐饮企业及其产品形成市场特色，满足消费者的某种需求或偏好，从而提高竞争力具有重要意义。

（三）餐饮企业成功定位的条件

餐饮企业在确定市场定位之后，应当努力维持或提升这一市场定位。一个成功的市场定位必须具备以下特征。

1. 市场定位应当是有意义的

餐饮企业要在市场中使自己的产品、品牌、包装、广告、服务等被消费者所识别，就需要给予这些营销变量专门的特色，且需要与竞争者相应的营销组合变量有明显的区别，以便消费者方便地或习惯性地认定，这就需要餐饮企业有明确的市场定位。通过市场定位传递给消费者的信息应是其所关心和需要的。如果这些信息对消费者来说无关紧要，市场定位就没有达到应有的目的，也就不能使餐饮企业同竞争者区别开来。餐饮企业在进行市场定位时，应当瞄准消费者的需求，避免华而不实。

2. 市场定位应当是可信赖的

理论上，一家餐饮企业能为所有人提供所有的餐饮服务，但这在实践中是难以实现的。行业中的领先者，并非那些声称无所不能的企业，而是那些可信赖的企业。餐饮企业如果能够根据自己的实际情况客观地进行市场定位，突出其自身特色，往往会收到良好的效果。

3. 市场定位必须是独一无二的

餐饮企业应当在既定的市场上发掘能持续使自己保持领先地位的市场定位。餐饮市场上存在许多不同的差异化途径能够使企业成为领先者。立足于企业层次的市场定位必须致力于管理和宣传自己差异化的位置，以提高企业的知名度和可信度，为此企业必须不断与消费者交流，以支持并提升其市场位置。

二、餐饮市场定位的内容

餐饮市场定位包括的内容很多，主要有形象定位、产品定位、价格定位、消费群体定位、服务标准定位和销售渠道定位。

（一）形象定位

餐饮企业要明确自己以何种形象面对目标市场。这里所说的形象包括餐饮企业的装潢，餐饮企业的名称、标志及其标准字体、标准色。所有这些视觉因素直接影响人们对餐饮企业的印象。餐饮企业的装潢是消费者对餐饮企业最初的视觉接触点，要体现企业的特色。餐饮企业的名称应体现餐饮企业的经营宗旨，有助于餐饮企业形象的塑造。餐饮企业的标志应用特定而明确的图案、造型、文字、色彩，要体现餐饮企业的经营理念、服务风格等。

（二）产品定位

餐饮企业要确定为消费者提供何种类型的产品。餐饮企业营销人员在为产品定位时，应该强调三点：第一，为产品创造一定的特色，树立一定的市场形象，这种特色可从产品实体上表现出来等；第二，详细说明产品能为目标消费者提供的各种利益；第三，强调本餐饮企业产品与竞品的差异。

（三）价格定位

价格是较为敏感的一个因素。餐饮企业可以将其产品的价格作为反映其质量的标识，用以象征产品的质量。对于一个提供全方位服务的高档餐厅来说，为自己的产品制定高价，本身就会对消费者起到一种暗示的作用，即他们可在这里得到周到的高水平服务。

（四）消费者群体定位

餐饮企业要确定以何种类型的消费者群体作为自己的目标消费者群体。消费群体可以按前面所述的地理、人口、心理和行为等进行细分，餐饮企业可以综合考虑自身的资源、产品特色和能够为消费者提供的利益等，确定目标消费群体。通常，餐饮企业不会只选择某一类消费群体为目标消费者群体，而是根据其实际情况选择几类消费群体作为目标消费者群体。

（五）服务标准定位

餐饮企业要确定以何种服务标准为消费者提供产品和服务，相关服务标准主要包括：服务的态度标准，即对客人所表示的有效的关心程度；服务的行为语言标准，即微笑、真诚、友好等服务标准。服务标准要根据餐饮企业的目标市场及其所处的市场竞争环境而定。

（六）销售渠道定位

餐饮企业要确定通过何种销售渠道将产品和服务传递给消费者。餐饮企业应设计一套销售渠道选择标准，包括渠道成员获利情况、渠道成员经营情况、是否销售补充产品、所吸引的消费者情况、是否为本企业做宣传、是否同时推销竞品、声誉情况、是否及时付款、是否雇用别的销售人员、是否提供所要求的服务、经营管理制度如何等。通过对销售渠道的选择、评估，有利于餐饮企业形成理想的销售渠道结构。

三、餐饮市场定位的原则

对于餐饮企业而言，赢得和保持消费者的关键是比竞争对手更好地理解消费者的需求，尽可能向消费者提供更多的价值，如提供较低的价格，或者是提供更多的价值使较高的价格显得合理。餐饮市场定位的原则主要在于运用差异竞争策略，具体包括以下几点。

（一）餐饮经营方式差异化

餐饮企业要在特色经营方式上做文章。目前，传统的餐饮经营方式和经营内涵正在悄然改变，多样化的经营方式在不断丰富着餐饮市场。目前一些餐饮企业运用互联网思维，借助个人IP（知识产权）打动消费者，比如有的餐饮企业通过短视频平台把传统餐饮项目与经典故事场景和文案搭配起来，成功吸引消费者到店消费。因此，餐饮企业要充分发掘自身优势，走特色经营之路。

（二）餐饮产品差异化

餐饮产品差异化主要包括餐饮产品的质量、特色及产品形式等方面。餐饮企业要突破单纯追求餐饮产品“色、香、味”俱全的传统观念，满足人们日渐追求的食品安全、就餐环境等。因此，餐饮企业需要在产品开发、食品溯源等方面不断探索，提供符合人们饮食理念和心理需求的特色产品。

（三）餐饮服务差异化

当餐饮产品较趋同时，市场竞争制胜的关键往往取决于服务。服务差异化体现在服务的种类、规格以及质量等方面。随着消费者的品位不断提高，餐饮企业应该更加重视服务的差异化。

（四）从业人员差异化

餐饮企业最根本的资源是人，任何差异化的竞争策略最终归结为人员差异，人员差异主要体现在能力、品德、知识和仪表等方面。餐饮企业应该重视对人力资源的开发，努力培养和打造一支具有本企业特色的、能够代表企业形象的忠诚的员工队伍。

以上内容旨在帮助餐饮企业形成差异化的市场形象，使餐饮企业以鲜明的个性、生动的形象奠定其市场位置。

四、餐饮市场定位策略

在制定餐饮市场定位策略时，餐饮企业一定要一切从实际出发，正确处理本餐饮企业与消费者、竞争者三者之间的关系，具体问题具体分析。一般而言，要弄清楚在客观环境条件的制约下，消费者在想什么，为什么会这样想；思考竞争对手正在和将要干什么，为什么要这样做；本餐饮企业应该干什么，应该怎样去做才是上策。可供选择的餐饮市场定位策略有以下几种。

（一）市场主导者定位策略

餐饮企业在目标市场中始终保持绝对优势，在产品质量、规格及服务上领先他人，始终以领导者的姿态引导着这一市场消费需求的发展方向。餐饮企业应从以下几方面做出努力：第一，扩大总需求，寻找新消费者；第二，保持现有市场份额，通过扩大或缩小经营范围来实现；第三，继续提高市场占有率，增加销售量。

（二）市场挑战者定位策略

餐饮企业致力于改善自己的市场地位，争夺领先者市场，则可采用以下策略。

1.毗邻定位策略

毗邻定位策略是一种紧跟竞争者，集中力量向竞争者的强项发起挑战的策略，是一种向竞争对手正面进攻的策略。餐饮企业在选择这种定位策略时必须慎重考虑是否拥有竞争优势。通常，只有充当市场领袖或者拥有优势产品的餐饮企业，才采用毗邻定位策略。

2. 侧翼定位策略

侧翼定位策略是一种避免与竞争者正面冲突，集中优势力量攻击竞争者弱点的策略。餐饮企业在决定市场定位时受到多种条件约束，面对强大的竞争对手，应选择避实击虚，酌情定位于主要竞争者的侧翼。

（三）市场追随者定位策略

市场追随者定位策略是指餐饮企业为避免在市场竞争中增加损失而自觉维护与领先者共存局面的策略。追随并不意味着单纯模仿。追随者设法给自己的目标市场提供特殊利益，培养自己的优势，降低成本，保持较高的产品质量和服务水平。

（四）市场补缺者定位策略

市场补缺者定位策略是指餐饮企业定位于市场“空白”地带，精心服务于某个细分市场的策略。餐饮企业根据消费需求变化，寻找市场“空白”地带或薄弱环节，当发现整体市场中尚有未开发的子市场即“空白”地带时，餐饮企业可通过专业性经营占据有利的市场位置。通常，具有某种特长的企业以及那些对市场变化反应灵敏的企业常采用这种定位策略。

总之，市场定位强调“差异性”和“个性”，即强调餐饮企业应通过产品、服务和营销组合在消费者的心目中形成有别于竞争对手的独特而鲜明的市场形象，且是尽可能强烈的“第一印象”，以促使潜在消费者认识、偏爱、购买其产品和服务，使餐饮企业能占领市场，最终拥有竞争优势。

学习任务

餐饮市场定位步骤如图4–1所示。

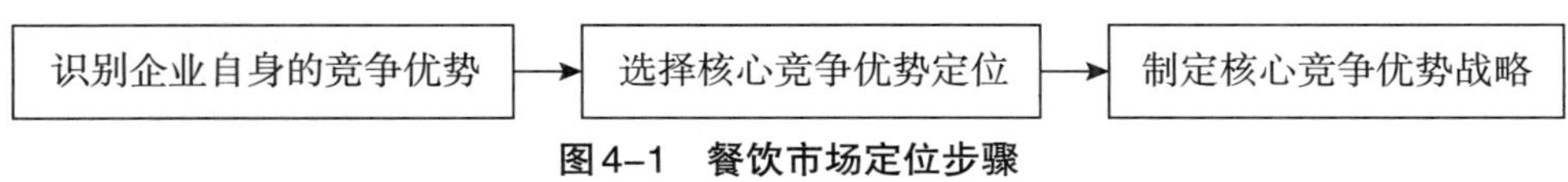

图4–1 餐饮市场定位步骤

1. 识别企业自身的竞争优势

餐饮企业识别自身的竞争优势是市场定位的基础。消费者一般会选择那些能给他们带来更大价值的餐饮产品和服务。所以，赢得和留住消费者的关键是要比竞争者更加了解他们的需求和购买过程，并给消费者带来更大的价值。餐饮企业要想实现此目标，第一，进行规范的市场研究，了解目标市场需求的特点以及这些需求被满足的程度，这是能够取得竞争优势、实现产品差异化的关键；第二，餐饮企业要分析主要竞争者的优劣势，包括竞争者的业务经营情况，如近三年的销售额、利润率、市场份额、投资收益率等，竞争者核心营销能力，比如产品质量和服务质量的水平等，以及竞争者的财务能力，包括盈利能力、资金周转能力等。

2.选择核心竞争优势定位

核心竞争优势表明餐饮企业具有能够胜过竞争者的能力。通过对自身和竞争者各方面的分析和比较，餐饮企业可以发现自身一些现实的与潜在的竞争优势，不过，餐饮企业必须选择其中一个或几个来完成定位策略。当然，不论如何定位，餐饮企业都应避免模糊定位。

3.制定核心竞争优势战略

这一步的主要任务是餐饮企业要通过一系列宣传活动，使其独特的竞争优势准确地传递给消费者，并在消费者心目中留下深刻印象。为此，餐饮企业应使目标消费者了解、熟悉、认同、偏爱本企业的市场定位，在消费者心目中建立与该市场定位相一致的企业形象和产品形象；要保持对目标消费者的了解、稳定目标消费者的态度和加深目标消费者对产品的感情，巩固与市场定位相一致的企业形象和产品形象；还要注意目标消费者对其市场定位理解出现的偏差或由于餐饮企业市场定位宣传上失误而造成目标消费者对企业的误会，及时纠正与市场定位不一致的形象。

任务总结

餐饮企业在确定自己目标市场的过程中，要经历市场细分、目标市场选择和市场定位三个阶段。

餐饮市场细分是指餐饮企业根据消费者对餐饮产品需求的差异性，将餐饮市场划分为若干具有不同需求特征的子市场，从而使餐饮企业有效地分配和使用现有资源，进行各种营销活动的过程。餐饮市场细分有利于餐饮企业发现市场机会选准目标市场；有利于企业将有限的资源集中在目标市场上；有利于企业最大限度地提高经济效益和社会效益。

餐饮目标市场是餐饮企业为满足现实和潜在的餐饮消费需求而开拓或即将开拓的特定市场，具有这一类餐饮消费需求的消费者将成为餐饮企业营销活动的对象。选择合适的餐饮目标市场对于餐饮企业来说具有十分重要的意义。

餐饮市场定位，是指针对市场的竞争态势，餐饮企业在市场中和在潜在消费者心目中为自己的产品和市场营销组合寻求和确定一个恰当的位置的活动。餐饮企业市场定位的内容包括形象定位、产品定位、价格定位、消费者群体定位、服务标准定位等。餐饮市场定位的策略有市场主导者定位策略、市场挑战者定位策略、市场追随者定位策略和市场补缺者定位策略。在对目标市场进行定位时，尽量避开与竞争对手的正面竞争，以人无我有、人有我新（异）的差异化策略树立餐饮企业的形象。

实训项目

目标

1. 培养学生进行差异化营销分析判断的能力。
2. 培养学生市场定位的能力。

内容与要求

1. 选择一项餐饮产品，为其进行市场定位，构建目标市场定位图。
2. 到商场、超市调查了解饮料市场或奶制品的市场细分、目标市场定位情况。
3. 请就我国目前餐饮市场上的红酒类产品的定位进行评价和分析。

组织与实施评价

1. 以项目团队为学习小组，选出项目负责人。
2. 建立沟通协调机制，团队成员协作完成任务。
3. 各项目团队根据实训内容进行交流、讨论。
4. 评价与总结：各项目团队提交实训报告，指导老师根据实训报告进行评估。

复习思考题

一、填空题

1. ____________主要包括购买时机、追求的利益、消费状况和频率、品牌忠诚程度等。
2. 餐饮目标市场基本营销策略有____________、____________和____________。
3. ____________是指餐饮企业将自身的资源集中在某一个或少数细分市场上，实行专业化生产和销售，使餐饮企业在目标市场上有较高市场占有率的策略。
4. 餐饮企业市场定位包括____________、____________、____________、____________、服务标准定位和销售渠道定位。
5. 餐饮企业致力于改善自己的市场地位，争夺领先者市场可以采用____________策略和____________策略。

二、单项选择题

1. 餐饮市场细分是指餐饮企业根据消费者对餐饮产品需求的____________，将餐饮市场划分为若干具有不同需求特征的子市场，从而使餐饮企业有效地分配和使用现有资源，进行各种营销活动的过程。

A.客观性　　B.主观性　　C.差异性　　D.一致性

2.市场细分思想最早是由20世纪50年代美国市场营销学家________提出的。

A.温德尔·史密斯　　B.菲利普·科特勒

C.迈克尔·波特　　D.弗雷德里克·泰勒

3.餐饮市场细分的主要标准不包括________。

A.地理变量　　B.人口统计变量

C.心理变量　　D.气候变量

4.影响餐饮目标市场营销策略选择的因素不包括________。

A. 餐饮企业资源　　B.产品差异性

C.产品生命周期　　D.市场同质性

三、简答题

1.什么是餐饮市场细分？餐饮市场的细分标准有哪些？细分步骤是什么？

2.餐饮市场细分和餐饮营销之间是什么关系？

3.餐饮企业采取差异性营销策略应具备哪些条件？

4.什么是餐饮目标市场？为什么餐饮目标市场的选择对于餐饮企业来说意义重大？餐饮目标市场选择的程序和原则是什么？

5.什么是餐饮市场定位？其包括哪些内容？餐饮市场定位的步骤是什么？餐饮市场定位策略有哪些？

第五章 餐饮产品策略

学习目标

通过本章的学习，学生应理解餐饮产品基本概念，掌握并会分析餐饮产品生命周期各阶段的特点及营销策略，熟悉并能利用餐饮产品组合策略，掌握相应的开发策略并能根据餐饮企业发展的实际进行新产品开发。

关键概念

餐饮产品　餐饮整体产品　餐饮产品生命周期　餐饮产品组合　餐饮新产品

案例导入

“西式标准+中式味道”渐成趋势

随着我国餐饮业的不断发展，细分餐饮品类不断涌现，尤其是近年来，以乡村基、老乡鸡、老娘舅等为代表的中式快餐品牌崛起，引领中式快餐市场快速增长，使得西式快餐市场持续承压。

为了谋求持续增长，更好地迎合中国消费者，麦当劳、肯德基等品牌纷纷加速本土化改造。肯德基就陆续推出皮蛋瘦肉粥、豆浆油条等本土化餐品，麦当劳随后跟进。此外，麦当劳、肯德基还推出中西式融合产品，如肯德基的小龙虾烤鸡堡、麦当劳的腊味菜菜堡等。2021年，肯德基更是推出了“早安·城市味道”计划，针对不同城市的饮食特色，推出对应的热干面、胡辣汤、小笼包等地方早餐美食。2022年，麦当劳还上线了夜宵项目“麦麦夜市”，推出“啤酒+鸡架”等夜间专属产品。塔斯汀选择符合国人口味的手擀中国汉堡，手工擀制“现烤堡胚”，并在此基础上迭代出如北京烤鸭、梅菜扣肉等中式口味汉堡产品。

在品牌营销上，麦当劳、肯德基借鉴了国内流行的“玩梗文化”，让品牌更加深入人心。例如，在肯德基“疯狂星期四”活动中，消费者会在社交媒体发布一些戏剧效果十足的文案，涉及悬疑、都市情感、青春文艺等题材，吸引了诸多年轻人参与加工再创作。“疯狂星期四”活动成为近年餐饮行业中的现象级营销事件，肯德基依靠此活动收获大量粉丝的同时也实现了可观的营收。

业内人士分析指出，从头部品牌的发展路径上能看出，西式快餐持续发展的趋势之一是“中西合璧”。西式，指的是不断精进的标准化要求，以及较为成熟的连锁管理体系；中式，指的则是符合国人饮食习惯的产品口味和当下流行的国潮文化。“西式标准”加上“中式味道”是西式快餐品牌在未来较长一段时间的发展趋势。

（资料来源：中西合璧 市场复苏：我国西式快餐迎来发展契机，有改动。）

案例分析

餐饮产品在发展过程中需要形成和保持自身特色，更需要依据消费者的需求变化进行产品创新。餐饮业知名品牌麦当劳、肯德基的本土化改造能够更好地迎合中国消费者。“中西合璧”成为西式快餐持续发展的动力支持。

知识准备

第一节　餐饮产品概述

餐饮产品是餐饮企业生产经营活动的核心物质载体，是餐饮企业的“生命”，餐饮企业依靠适销对路的产品来获得生存发展的资本。没有产品，餐饮企业的生产经营也就无从谈起。

一、餐饮产品概念

人们经常把具有实体形态的物品叫做产品。现代经济学把所有凝结人类的一般劳动、具备价值和使用价值、准备进入市场的有形或无形的东西定义为产品。餐饮产品由有形的菜品和无形的服务两部分构成并被归为服务类产品。有人认为餐饮产品以有形的菜品部分为主体，无形的服务部分为辅助。也有人认为餐饮产品以无形的服务部分为主体，有形的菜品部分为辅助。对餐饮产品的理解可谓仁者见仁，智者见智。

餐饮整体产品概念是现代市场营销观念的产物，反映了餐饮营销的重点在于向消费者提供具有完整效用的产品，满足消费需求。餐饮整体产品从满足消费需求来说，可分解为三个层次：核心产品、形式产品和延伸产品。

（一）核心产品

核心产品是餐饮整体产品概念中的主要部分，是指消费者购买某种餐饮产品时所追求的根本目的，也是消费需求的中心内容。不同的消费者购买餐饮产品的目的是不同的，如有的消费者是为了便宜、实惠，而有的消费者是为了营养、健康，餐饮营销人员应善于发现消费者购买餐饮产品的根本目的，从而提供符合消费需求的餐饮产品。

（二）形式产品

形式产品是指核心产品借以实现的形式，即向市场提供的产品和服务的具体形式。餐饮产品的基本效用借助具体形式实现，如盛饮料的杯子的形状、大小、质地等。借助形式产品，消费者可更直观、清晰地了解到餐饮产品的核心利益所在。因此，形式产品在一定程度上直接影响消费者的购买决策。营销人员可以优化形式产品，以便更完美地满足消费者的需求，从而获得利益。

（三）延伸产品

延伸产品是指消费者购买餐饮产品时所得的全部附加服务与权益，它能给消费者带来更大的满足。学者曾经指出：未来竞争的关键不在于工厂能生产什么产品，而在于其产品所提供的附加价值。延伸产品通过给消费者提供多种附加权益，能形成吸引消费者的独特因素，提高消费者对产品的忠诚度，有助于餐饮企业保持和扩大市场。

餐饮企业在开发和经营各类餐饮产品时，应根据“先核心，后形式，再延伸”的思路进行，以便增加产品的科学性和适用性。

二、餐饮产品的特点

餐饮产品除具备一般产品的特点外还具有以下特点。

（一）餐饮产品是有形性与无形性的辩证统一

餐饮产品与一般商品一样，有着具体的物质形态，可以根据具体的质量标准进行生产。消费者在食用餐饮产品前可以就其色、香、味等进行检查，发现任何问题可以要求退换。餐厅服务不具有具体的形态，消费者无法事前对服务进行检验和试用。服务一经实施，或优或劣就成定局。因此提高服务质量，必须实行与一般商品不同的管理思路和方法。

（二）餐饮产品的风味性

一方水土养一方人，不同国家、不同地区、不同民族的地理、气候和生活环境、生活习惯不同，各地物产不同，食品原材料不同，从而使餐饮产品形成各种不同风味，具有鲜明的民族性和地方性。例如，西餐有法式、美式、俄式、英式之分，中餐有鲁菜、川菜、淮扬菜、粤菜之别。长期的历史发展，餐饮风味积淀成餐饮文化，餐饮管理拥有了继承与创新的广阔空间。

（三）餐饮产品生产、销售的同一性

消费者入座点菜，既是消费的开始，也是餐饮产品生产与销售的开始。消费者用餐的过程，也是企业提供服务的过程。没有消费者进餐厅消费，就没有餐饮产品与服务的生产与提供。一般产品的生产、销售可以发生在不同的时间、不同的地点。因此餐饮企业对其产品的质量控制要严格，餐饮企业的管理方法要符合餐饮产品的特点。

（四）餐饮产品的短期储存性

餐饮产品的原材料是提前准备的，但餐饮产品的生产过程一般较短暂，并且是专为消费者的预订或现点而生产的。餐饮产品一般不宜提前预制或规模化生产，这正是餐饮生产与其他工业生产的根本区别。餐饮服务更是不存在独立的生产过程和独立的存在形态。这就决定了餐饮产品的产量只能跟随消费者的上座率而波动，餐饮管理必须以营销为中心，有效地控制消费者的流量，从而达到餐饮生产负荷的平衡。

（五）餐饮产品的文化知识含量高

餐饮产品生产需要高超的烹饪技术和艺术，这包括食品营养学知识、烹饪中的物理与化学知识、微生物及毒腐现象的知识、机电设备的使用知识、餐饮产品设计造型技巧及其中蕴含的历史文化知识和美术知识等。烹饪看似简单，实则不易。

前厅服务需要掌握用餐环境、氛围、花草、灯光、音响、空调等知识，尤其需要服务心理学、消费心理学知识，以便照顾消费者情绪，做好服务，还要掌握烹饪常识，以便推荐和介绍餐饮产品。

餐饮工作是一项知识、技术含量较高的复杂劳动。

三、餐饮产品体系

餐饮产品的品种多种多样，国内的如重庆的火锅、广东的蟹肉桂花翅、西北的猫耳朵、东北的小鸡炖蘑菇、北京的烤鸭、上海的松江鲈鱼、金华火腿等；国外的如法

国的鹅肝等，无一不丰富着人们的餐饮选择。

餐饮产品日趋丰富和完善，主要源于市场竞争的激烈和消费需求的增加。要想在餐饮市场中争得一席之地，靠单一的餐饮产品很难达到目的。因此餐饮产品的品种和数量的增加十分迅速，逐步形成完善的产品体系。

（一）餐饮产品种类

按照不同的市场细分标准，有不同的餐饮产品体系。

1. 依据餐饮产品的国别可分为中餐和西餐

西餐是我国对以欧美国家餐饮产品为主的特色食品的统称，包括法国菜、俄国菜、意大利菜、墨西哥菜、美国菜等。

2. 中国餐饮文化依据菜系可分为八大菜系

中国是一个餐饮文化大国，长期以来在某一地区由于地理环境、气候物产、文化传统以及民族习俗等因素的影响，形成了菜品风味相近，知名度较高，并为当地群众喜爱的地方风味流派，称作菜系。它由历代宫廷菜、官府菜及各地方菜系所组成，主体是各地方风味菜。其中较有代表性的是鲁、川、粤、闽、苏、浙、湘、徽等菜系，即人们常说的中国“八大菜系”。

小知识

中国八大菜系

在烹饪中，我国有许多流派，是以省份和地区划分的。其中较有影响的，也是社会公认的，莫过于鲁、川、粤、闽、苏、浙、湘、徽八省的烹饪流派了，即人们常说的“八大菜系”。

一个菜系的形成，与一个地区的悠久历史与独到的烹饪特色是分不开的，同时也受到这个地区的自然地理、气候条件、资源特产、饮食习惯等影响。有人把“八大菜系”描绘为：鲁菜如君临天下的北方帝王；川菜、湘菜就像内涵丰富充实、才艺满身的名士；粤菜、闽菜宛若风流儒雅的公子；苏菜、浙菜和徽菜好比清秀素丽的江南美女。总之，“八大菜系”各具特色，各具风韵。

（资料来源：李红丽，中国传统文化导读，有改动。）

3. 以餐饮产品本身属性分为风味餐饮和主题餐饮

餐饮企业以产品为纲，如海鲜、野味、素食、火锅、烤鸭等，都有较为明确的产品特色。

（1）风味餐饮。风味餐饮主要是指具有地方特色或民族特色的菜品。风味餐饮具有明显的地域性，强调菜品的正宗、地道，否则就难以吸引消费者。经营风味餐饮的企业通常装潢简单、质朴，气氛轻松和谐，与地方特色或民族风格相一致，但不降低卫生和服务标准。

（2）主题餐饮。经营主题餐饮的企业主要是通过特殊环境布置、特殊装饰或娱乐安排等，全方位创造出具有特定主题的餐饮产品。主题餐饮旨在为消费者提供一种整体感受，而不单纯是提供餐饮。主题餐饮企业经营规模一般不大，通常提供餐桌服务。其所提供的餐饮品种富有特色，其所提供的菜品能给人们提供环境氛围和文化感受。

此外，餐饮产品根据在流通时间上的差异可分为正餐、快餐、茶餐、酒吧和“咖啡”餐饮，根据档次不同可分为高、中、低三个档次。

确立产品体系与让目标接受产品体系是两个截然不同的概念。在现今的市场中，后者更需要餐饮企业通过系统化的营销工作来完成，这就需要餐饮企业扎扎实实地做好营销工作。

小资料

深圳的硬石餐厅（Hard Rock）

硬石餐厅始于1971年的美国，是硬石酒店集团旗下知名摇滚乐主题连锁餐厅。深圳硬石餐厅共设有352个座位，配有2个吧台、2间均能容纳18人的私密包间和1个现场音乐表演舞台。该餐厅的整体风格为美式工业混搭欧式古典，外露的管道、裸露的砖墙、做旧的家具，营造出自由和狂放的氛围。大门上方悬挂着标志性的吉他模型。步入餐厅，由6972颗水晶组合而成的吉他形吊灯悬挂于吧台上方，璀璨夺目。舞台之上，12000块色彩斑斓的吉他拨片绕成环形灯带，熠熠生辉。

该餐厅甄选新鲜的食材，打造正宗的美式餐饮：招牌汉堡嵌入特色馅料、浇上可口酱汁和浓稠起司，带来回味无穷的美食感受；Smokehouse则带来鲜嫩多汁的烟熏烧烤，芳香的胡桃木烤出令人垂涎欲滴的猪肋排和鸡肉；招牌热巧克力布朗尼或外脆内绵的苹果馅饼等，为宾客奉上满足的甜蜜回忆。该餐厅新颖独特的饮料创意在全球屡获殊荣，荣获“最佳饮品”大奖的“飓风”“狂野玛格丽特”“非主流摇滚”都列在酒单中。

（资料来源：深圳硬石餐厅官网，有改动。）

（二）餐饮产品质量

产品质量是餐饮企业的生命。餐饮产品的质量内容一般包括：餐饮产品的使用价值、餐饮产品的生命周期、餐饮产品的可靠性和安全性、餐饮产品的价格。

1. 餐饮产品的使用价值

餐饮产品的使用价值是指能够满足消费者需求的程度，即餐饮产品的性能。因此，在餐饮产品的生产中，如何设计产品，恰如其分地满足不同消费者的需求，是餐饮经营成功的关键。

2. 餐饮产品的生命周期

餐饮产品的生命周期指餐饮产品在市场上存在的时间。随着市场竞争的加剧，现代餐饮产品的市场生命周期日趋缩短，这一方面反映了餐饮需求的多变，另一方面也加速了餐饮产品的更新换代。

3. 餐饮产品的可靠性和安全性

餐饮产品的可靠性和安全性主要从餐饮企业接待消费者的能力和接待环境中体现。餐饮企业必须提供卫生、健康的餐饮产品，保障消费者的安全。

4. 餐饮产品的价格

餐饮产品的价格要合理。这主要从两个方面进行分析：一是质与价相符；二是要拉开价格档次。只有这样才能满足各层次消费者的需求。

小知识

商品的使用价值

商品的使用价值是指商品的效用或物的效用，即商品的有用性。马克思指出："物的有用性使物成为使用价值。但这种有用性不是悬在空中的。它决定于商品体的属性，离开了商品体就不存在。"商品的使用价值表现在商品体上。对具体商品而言，商品的使用价值是指该种商品具有有用性，这种有用性是指商品体自身具有能够满足人与社会生产、生活某种需要的用途与功能。商品的有用性——使用价值，反映了商品的自然属性特征。商品的自然属性特征是由组成商品体的原材料、化学组成、生产工艺条件、生产技术水平决定的。商品自然属性的标志是商品的品质特性、质量特性、功能用途特性等。

商品价值和使用价值是共存于同一个商品体上的，是相互依存、不可分离的统一体。事实上，不存在只有价值没有使用价值的商品，也不存在只有使用价值而没有价值的商品，这是由商品二重性的本质决定的。

商品价值和商品的使用价值共存于同一个商品体上，说明商品既具有社会科学的社会属性，又具有自然科学的自然属性。

（资料来源：张磊，李立辉，商品学，有改动。）

第二节　餐饮产品生命周期

产品生命周期是指产品从进入市场到退出市场所经历的市场生命循环过程。餐饮产品也具有生命周期。餐饮产品进入市场，标志着其生命周期的开始。餐饮产品退出市场，标志着其生命周期的结束。

一、餐饮产品生命周期的含义

菲利普·科特勒指出，谈及产品生命周期（Product Life Cycle），实际上要说明四个问题。

第一，产品有一个有限的生命。

第二，产品销售经过不同的阶段，每一个阶段都对销售者提出不同的挑战。

第三，在产品生命周期的不同阶段，产品的利润有高有低。

第四，在产品生命周期的不同阶段，产品需要不同的营销策略。

餐饮产品生命周期是就餐饮产品的销售量与边际利润而言的，是指一项餐饮产品从进入市场到退出市场为止的整个时间过程。它一般要经过四个阶段：导入期、成长期、成熟期和衰退期。

小知识

产品生命周期理论

产品生命周期是一个市场营销术语。在第二次世界大战之后，世界的经济形势发生了深刻的变化，世界贸易增长的速度加快，竞争的多元化与激烈化，促使工业发达国家为了保持市场的优势，而对新产品开发销售趋势与销售规律进行研究。1957年，为美国全球顶尖咨询管理公司博思艾伦工作的一名经理人琼斯，通过对于该公司300多家客户资料的分析，提出大多数产品具有生命周期，依据产品进入市场后不同时期的销售情况，将产品的生命周期划分为导入期、成长期、成熟期与衰退期四个阶段。

1966年，美国哈佛大学教授弗农在其《产品周期中的国际投资与国际贸易》一文中，以美国的对外直接投资为研究对象，首次提出了产品生命周期理论（Product Life Cycle Theory）。弗农认为，产品的生命周期，是指产品的市场寿命或经济寿命，即一种新产品从开始进入市场到被市场淘汰的全过程。产品的市场寿命，是相对于产品的物质寿命或使用寿命而言的。物质寿命是反映产品物质形态消耗的变化过程，市场寿命则是反映产品的经济价值在市场当中的变化过程。

（资料来源：郑俊田，国际贸易理论与政策法规，有改动。）

二、餐饮产品生命周期各阶段的特点

餐饮产品生命周期的不同阶段有不同的特点，如表5-1所示。

表5-1　　餐饮产品生命周期各阶段的特点

阶段	导入期	成长期	成熟期	衰退期
销售量	低	激增	最大	减少
成本	单位 成本高	单位 成本一般	单位 成本低	单位 成本低
利润	低或亏本	激增	稳定	低微甚至亏损
消费者	创新者	早期使用者	中期大众	落后者
竞争者	很少	增多	稳中有降	下降

（一）导入期

导入期是餐饮产品生命周期的第一阶段，又被称为介绍期、初创期。在这个阶段，餐饮产品刚进入市场，处在试销阶段，餐饮企业不确定该产品是否符合消费者的需求，从而对这些餐饮产品也持观望态度。因此这一阶段的投资额很大，而销售额很低，利润极小甚至亏损。所以，在餐饮产品投放市场前，必须对市场需求进行预测和可行性研究，对该产品是否具有特色，能否经得起市场竞争，消费者是否喜爱，能否取得可观的利润等进行充分的论证。

（二）成长期

在成长期，餐饮产品基本定型，已为广大消费者所熟悉，其销售量逐渐增加，销售额开始快速增长，市场份额逐渐扩大，单位产品的成本大幅度下降，该产品开始营利。消费者的日益青睐与媒体的关注提升了餐饮产品的曝光度。

（三）成熟期

餐饮产品进入成熟期后，销售量仍有一定增长，但增长速度减缓，甚至逐渐趋向停滞。这个阶段的餐饮产品特点是：产品在市场上处于饱和状态；更多的企业参与到生产该类产品的竞争中，使竞争更为激烈；产品的质量不断提高，服务项目增多，成本降到最低点，利润相对稳定。

（四）衰退期

随着消费需求改变，此时餐饮产品的销售量下降，利润低微甚至出现亏损。消费者对市场变化无动于衷，或反应迟钝。产品营销的效果并不明显，许多竞争者也纷纷退出。与此同时，市场上开始出现新的换代产品或替代产品。

三、餐饮产品生命周期各阶段的营销策略

理解餐饮产品生命周期的目的主要在于：缩短餐饮产品的导入期，使消费者尽快熟悉与接受餐饮产品；尽快度过成长期，努力拓展细分市场；设法保持与延长餐饮产品的成熟期，防止餐饮产品过早被市场淘汰；缩短衰退期，减少损失。

（一）餐饮产品导入期的营销策略

餐饮产品导入期的营销策略重点在于：加强与消费者的沟通，让消费者熟悉与了解餐饮产品；扩大餐饮营销渠道和餐饮产品的市场占有率；提高餐饮企业的利润。

1. 加强广告宣传

在导入期，应以建立和扩大餐饮产品知名度为重点。因此，广告宣传应有针对性，而且要注重效果。餐饮企业应注意借助社会重大活动和造成广泛影响的事件，适时进行餐饮产品宣传，从而吸引消费者对餐饮产品的注意，激发消费者的购买热情。

2. 开发和拓展餐饮产品市场

餐饮产品的市场开发和拓展是一项独立的创造性活动，它不是一般性的宣传，而是全方位扩展餐饮产品的销售渠道，如通过价格策略占领市场份额或获取理想利润等。

3. 进行餐饮产品质量控制

餐饮产品初入市场，消费者对其质量的印象直接影响其口碑，进而影响该餐饮产品今后的发展。因此，餐饮企业要继续改进餐饮产品的生产设计，完善其配套服务，提高餐饮产品的质量。

（二）餐饮产品成长期的营销策略

餐饮产品成长期的营销策略重点在于：强化餐饮产品的特色与优势，努力寻求和开拓新的细分市场、开辟新的销售渠道。

1. 继续扩大广告宣传

餐饮企业在这一阶段仍应重视广告宣传，但是广告宣传的重点应从建立产品的知名度转移到说服消费者购买餐饮产品上来。同时，餐饮企业要在广告宣传中强调本餐饮产品的特点。在这一阶段，餐饮企业还应进行各种公关活动，塑造餐饮企业的良好形象，增强消费者对餐饮企业及其餐饮产品的信任感。

2.提高市场占有率

市场变化也很快，机会往往稍纵即逝。因此，餐饮企业在成长期应以挖掘餐饮产品的市场深度为主，即餐饮企业要不断提高餐饮产品的质量，发展餐饮产品的品种和规模，以系列化的产品满足不同目标群体的需求。通过开拓新的销售渠道和加强销售渠道的管理，在巩固原有渠道的基础上开拓新市场。选择适当时机调整价格，以争取更多的消费者。

3.努力打造知名品牌

成长期是餐饮企业打造知名品牌的最佳时期。餐饮产品要在消费者心目中留下深刻的印象，必须突出产品的特色，形成自身的优势。因此，餐饮企业要进一步改进餐饮产品的生产设计和完善配套服务。

餐饮产品的成长期是餐饮企业获利的“黄金时期”，也是打造知名品牌的最佳时期。餐饮企业可能面临“高市场占有率”和“高利润率”的选择。实施市场扩张和渗透策略虽然会使利润暂时减少，但强化了餐饮企业的市场地位和竞争力，有利于维持与扩大餐饮企业的市场占有率。从长期来看，餐饮企业更应该选择以扩大市场占有率为此阶段的主要目标。

（三）餐饮产品成熟期的营销策略

餐饮产品成熟期的营销策略重点在于：尽量回收资金；在保持原有产品优势的基础上，进行餐饮产品及营销组合的调整变革；努力延长产品的成熟期。

1.尽量回收资金

餐饮产品在这一阶段的销售增长率达到一个相对高点，然后便趋于下降，利润也开始缓慢下降，但是餐饮产品在这一阶段的销售量仍然处于较高的水平，而且成本能控制在较低的水平。因此，餐饮企业应尽量回收资金，不宜进行重复性投资。此时该餐饮产品的市场已趋于饱和，重复性投资难以吸引客源，反而容易使餐饮企业出现资金浪费或亏损的现象。

2.改进餐饮产品设计

餐饮产品的改进主要表现在两个方面：一是产品质量与服务的改进，即根据消费者的反馈来完善餐饮产品，并以稳定、优质的服务来吸引消费者；二是对原有的营销组合因素进行调整，如进行新的市场开发、开辟多种销售渠道、采用灵活的定价策略等增强餐饮产品的市场竞争力。

3.开发餐饮新产品

餐饮企业此时应准备更新餐饮产品，以适应消费者日益变化的需求。只有新产品与老产品保持良好的衔接关系，餐饮企业才会拥有持久生命力。

（四）餐饮产品衰退期的营销策略

餐饮产品衰退期的营销策略重点在于：决定是逐步退出市场还是迅速撤离市场。

1.继续保留策略

继续保留策略即餐饮企业继续沿用过去的营销组合策略；将企业资源集中于有利的细分市场，维持餐饮产品的集中营销，从中获取利润；大幅度削减营销费用，让餐饮产品继续衰落下去，甚至完全退出市场。

2.立即放弃策略

立即放弃策略即餐饮企业一旦觉察到该餐饮产品已进入衰退期，就毫不犹豫地撤离市场。

在衰退期，餐饮产品的销售量会迅速下降，勉强维持下去会使餐饮企业处于极其被动的局面。因此，餐饮企业的决策者此时应果断处理餐饮产品在市场上的去与留。也就是说，要尽可能地缩短餐饮产品的衰退期，以减少损失。

小资料

“2023黑珍珠餐厅指南”发布　北京38家餐厅上榜

2月9日，“2023黑珍珠餐厅指南”（简称“2023黑珍珠”）正式发布，共有304家餐厅上榜。其中，新上榜餐厅数量达65家，创历年新高，新增济南、长沙、无锡三个上榜城市。

上海本次上榜餐厅多达66家，新上榜餐厅12家，是中国内地新上榜餐厅最多的城市；其次是北京，有38家上榜餐厅，覆盖海内外19个菜系；香港则有26家上榜餐厅；广州17家上榜餐厅中，粤菜、潮州菜、客家菜占比超80%；成都共有19家上榜餐厅，新上榜餐厅同比增速达150%。

在北京市入选的38家餐厅中，朝阳区上榜餐厅数量达26家，入选数量约占北京市上榜餐厅总量的68%。其中，4家2钻餐厅，22家1钻餐厅，主要集中在CBD、亮马河、三里屯等地。兰颂餐厅、鱼新（体育场东路小区店）、Amico BJ 3家餐厅新入榜，占比北京市新入榜餐厅的60%。

此次朝阳区入榜餐厅的菜系覆盖广泛，共覆盖了海内外14个菜系，既覆盖京鲁菜、本帮菜、火锅等国内代表美食，也囊括日本料理、法餐、意大利菜等国际美食，可满足不同消费群体的需求，为市民游客提供了更多元的品质化美食选择。

（资料来源：“2023黑珍珠餐厅指南”发布 北京38家餐厅上榜，有改动。）

第三节 餐饮产品组合

餐饮市场竞争以及餐饮产品自身生命周期的限制，使餐饮企业不能单纯地经营一种产品，但也不是经营的产品品种越多越好。那么，一个餐饮企业应当经营多少种产品？这些产品应如何搭配？这需要餐饮企业根据市场需求以及企业实力来制定合理的餐饮产品策略，优化餐饮企业的产品组合。

一、餐饮产品组合的含义

餐饮产品组合就是指餐饮企业通过对不同规格、不同档次和不同类型的餐饮产品进行科学的整合，使餐饮产品的结构更趋合理、更能适应市场的需求，从而以最小的投入占领尽可能大地市场，以求经济效益最大化。

餐饮产品的组合，一方面是指菜品在数量、风味特色、档次上的组合，另一方面也包括餐饮产品与服务的组合。

餐饮产品的组合原则应以有效地利用资源、较大限度地满足市场需求和有利于竞争为标准。

二、餐饮产品组合的作用

消费需求总是不断变化的。在不同的时代和地区，消费需求各有特点，这些多样化的需求是餐饮企业开发餐饮产品组合的重要依据。

餐饮企业通过餐饮产品组合来应对消费需求的变化。可以使经过组合后的餐饮产品系列更具竞争力，更加适销对路，能以更快的速度占领目标市场。

以长远的眼光来看，餐饮产品组合符合餐饮企业的发展战略，在既定的规划框架内着手开展，能使餐饮产品结构更加科学、合理。

三、餐饮产品组合策略

餐饮产品组合包括三个因素：餐饮产品组合的广度、餐饮产品组合的深度和餐饮产品组合的相关度。

（一）餐饮产品组合的广度

餐饮产品组合的广度是指餐饮企业生产和经营的产品线总和。餐饮产品组合类型多则为宽产品线，少则为窄产品线。宽产品线的组合，由于产品丰富程度较高、适应性强，因此可以满足消费者多方面需求，拓宽市场，增加销售额，提高经济效益，同时还可以使餐饮企业的人、财、物得到有效利用，充分发挥其潜力，减少市场变化带来的各种风险，增强企业自身的调节功能和应变能力。相对而言，窄产品线的组合则可以使餐饮企业集中优势力量，不断提高餐饮产品的质量，这不仅有利于促进餐饮企业专业化水平的提升，也有利于餐饮企业集中力量打造知名品牌产品，降低餐饮企业经营成本。

（二）餐饮产品组合的深度

餐饮产品组合的深度是指餐饮企业所有组合产品线中每一个产品项目所提供的产品品种数量。较深的餐饮产品组合能在细分市场的基础上扩大市场，满足多种类型的消费需求，提高市场占有率，在生产上实现批量少、品种多。增加餐饮产品组合的深度，有利于餐饮企业提高服务质量和竞争力。较浅的餐饮产品组合便于餐饮企业发挥自身特色和专长，以塑造品牌形象来吸引消费者，增加销售量。在这种情况下，餐饮企业可进行批量生产以求得规模效益。

（三）餐饮产品组合的相关度

餐饮产品组合的相关度是指餐饮企业生产经营的各类餐饮产品和各单项餐饮产品在生产、消费之间的相关程度，如在经营费用、广告宣传、销售渠道等方面互相支持的程度。

如果餐饮产品组合系列之间的相关度过低，会加大经营风险。关联度大的餐饮产品组合可以使餐饮企业专注于相关产品的研发与创新，使餐饮企业与产品的市场地位得到提高，使餐饮产品的整体形象得以提升，从而有利于企业的经营管理。因此，餐饮产品组合的相关度是餐饮产品决策的重要概念。

中小型餐饮企业比较适宜经营关联度大的餐饮产品组合；而对于那些综合实力强的大型企业来说，经营关联度小的餐饮产品组合易于形成其在这种产品领域的强势地位。

四、餐饮产品组合的评价指标

市场环境在不断变化，餐饮产品组合中的每一个因素也会随着形势的变化而不断变化。因此，管理者必须经常对本企业餐饮产品组合进行分析与评价，根据市场环境的变化调整餐饮产品组合，在变化的形势中寻求餐饮产品组合的最优化。

要优化餐饮产品组合，就要对各产品在市场上的发展状况和趋势进行评价。餐饮产品组合的评价指标主要归纳为以下三个方面。

1. 发展性

根据餐饮产品的生命周期，处于成长期和成熟期早期的产品，一般具有良好的发展性。评价餐饮产品的发展性，应根据整个市场上同类餐饮产品的总体情况进行评价。发展性指餐饮产品组合在整体市场上的发展前景，主要评价指标是销售增长率。

2.竞争性

竞争性指餐饮产品组合在整体市场上的竞争能力，主要的评价指标是市场占有率。

3.营利性

营利性主要表现为利润额、成本利润率、资金利润率、资金周转率等，其中资金利润率是综合性的指标。

小资料

预制菜也能讲好“老字号”故事

根据艾媒咨询发布的报告，2022年中国预制菜市场规模达4196亿元，同比增长21.3%，中国预制菜市场保持较高的增长速度，2026年预制菜市场规模将达10720亿元。抖音电商近日发布的《“2023抖音好物年货节”数据报告》显示，今年年货节期间，抖音平台上线超4000款年夜饭预制菜。而这些产品背后，有很多老字号企业。

撕开包装袋，开启微波炉，只需5分钟，一份香辣十足的虎皮凤爪就做成了。近年来，重庆老字号小洞天在做好经典菜品标准化研究的同时，将业务拓展到火锅底料、古法牛肉、青花椒底料等系列预包装食品，受到年轻消费者喜爱。

创立于清代的苏帮菜餐饮代表松鹤楼，也涉足预制菜产品，旗下预制菜包括冷冻菜品、苏式点心等多个品类。松鹤楼相关负责人表示，该公司布局预制菜业务已有几年时间，目前销售较好的预制菜产品有手剥虾仁、松鼠鳜鱼、酱汁牛肉、枣泥拉糕等，消费者可以通过天猫旗舰店等渠道购买。

安徽老字号同庆楼在预制菜领域开发了“同庆楼大厨菜”，其中既有传统大菜，如徽菜臭鳜鱼，也有狮子头、红烧肉、酸菜鱼、酸菜肥肠等家常菜式。目前，同庆楼的预制菜产品已可以基本满足消费者“一日三餐”需求。

全国各地老字号纷纷抢抓预制菜发展机遇，不仅推出了特色招牌菜等预制菜产品，也推出了普适性的家常预制菜，使预制菜产品矩阵日臻完善。

一家餐饮老字号相关负责人表示，每家百年老字号都有主打的经典菜，将其研发成预制菜，可以将名厨味道还原到各家餐桌，这对消费者具备一定吸引力；另外，老字号具有品牌号召力，认同国潮文化的年轻消费者也有意愿尝试老字号的预制菜产品；老字号在品质把控上较为严格，有利于建立消费者的信任度。

“老字号焕新，从放下老字号的标签开始。”业内人士表示，敏锐观察市场变化，抓住消费新需求成为老字号创新发展的关键。预制菜打破了地域限制，也节省了人们的时间成本。未来，能够满足到家场景的预制菜发展空间广阔。而预制菜业务也为餐饮品牌带来更多消费场景，帮助企业拓展营收渠道，老字号亦能从中获益。此外，老字号良好的口碑、世代传承的匠心技艺及过往积累的品牌声量，也给了其布局预制菜赛道的信心。

（资料来源：餐饮老字号绽放消费新活力，有改动。）

第四节　餐饮新产品开发

随着经济的发展，人们的消费需求不断变化，这就要求餐饮企业在发展过程中，依据餐饮产品生命周期的变化，调整餐饮产品组合，并不断开发新产品，满足人们不断变化的需求。许多餐饮企业因为餐饮产品持续老化，而新产品不能有效适应市场，所以竞争力低下，甚至倒闭。餐饮企业只有不断开发新产品，并使之得到市场的认可，才能实现企业的可持续发展。

一、餐饮新产品的含义及类型

餐饮产品是一个通常包括实物产品形式、餐饮经营环境和气氛、餐饮服务特色和水平、产品销售形式四方面内容的有机组合。在新产品的设计与开发上，要综合考虑这些因素。

（一）餐饮新产品的含义

餐饮新产品是指餐饮企业初次设计并提供的，或者原来提供过、但又做了某些改进，在内容、结构、服务方式、设备性能上更为科学、合理，更能体现餐饮企业特色，与原有餐饮产品存在差异的产品。即整个餐饮产品构成中的任何一部分进行了创新或改革，这种餐饮产品就属于新产品。

（二）餐饮新产品的类型

作为餐饮产品设计与开发中的核心部分，菜品创新一直是餐饮企业不遗余力的主攻点。菜品创新要兼顾菜品的色、香、味、形、器、质等属性，同时要考虑到新原料的开发运用、原料组配创新、营养均衡、投入市场后的发展潜力等要素。

餐饮新产品按照其自身所具有的创新性，大致可以分为以下三种类型。

1.全新型新产品

全新型新产品即为了满足消费者一种新的需求而设计、提供的具有新原理、新技术、新内容等的创新餐饮产品。由于新产品的设计难度较大，开发周期较长，投资较多，风险较大，因此这类产品较为少见。

2.改进型新产品

改进型新产品是在原有的产品上进行改良，如在原料搭配、菜品口味以及色泽、形状和烹制工艺上进行改进。

小案例：
世茂酒店餐饮的创新产品——古菜今做

3.仿制型新产品

仿制型新产品也就是仿制已存在或已存在过的产品。由于现阶段的餐饮产品很少有专利权，一旦某种风味菜品经营成功，仿制者就会蜂拥而至。虽然这种产品缺乏自己的特色，但具备成本低、风险小的优势。

二、餐饮新产品开发的策略

餐饮企业投入资金、人力、物力开发新产品的目的，是为了更好地满足消费者需求，获取更多的利润。但是新产品开发的风险又是客观存在的。不同的企业，由于实力不同，在新产品开发上的能力也各不相同。因此，餐饮企业应根据具体情况，选择适当的新产品开发策略。餐饮新产品开发策略主要有以下几种。

（一）抢先策略

抢先策略是指餐饮企业在老一代产品进入衰退期之前，率先推出新产品，使其占领市场的新产品开发策略。

采用抢先策略的餐饮企业，必须随时注意市场上消费者的需求动向，同时注意竞争者的情况，当消费需求开始变化时，及时推出新产品，从而始终占据市场领先地位。选用该策略的餐饮企业一般应具有较强的技术和管理实力，并且有一套灵敏的市场处理和反馈系统。

一些餐饮企业设立专门的菜品研究所，组织专业的研究人员，确定一系列的任务指标，这些就是在新产品开发上采用抢先策略的表现。

（二）仿制策略

仿制策略是指餐饮企业仿照市场上已经存在且竞争者很少的其他产品，制成新产品的开发策略。

使用这种策略要求餐饮企业随时关注市场上新产品的动向，包括新的餐饮形式、新的餐厅装修风格、餐饮经营新模式等，餐饮企业可以借鉴这些变化，仿制出新的产品。其他餐厅推出的受市场追捧的新菜品，经过餐饮企业的吸收、改良，也可以成为该餐饮企业的新菜品。

大多数中小餐饮企业多采用仿制策略。因此，应就新产品仿制制订周密的计划，并建立完整的工作程序，力求在减少投入的同时，不断推出市场反应好的新产品，提高企业的市场竞争力。餐饮企业广泛采用的“试味”就是仿制策略的体现。

（三）最低成本策略

最低成本策略是指在新产品开发时力求降低成本，以便用较低的价格渗透市场，扩大市场占有率。

该策略要求餐饮企业在新产品开发时，通过餐厅经营的组织形式、经营模式等的创新，通过烹饪方法、原料使用等技术手段的改进，或通过生产组织消耗控制等管理水平的改善，努力降低新产品的成本，使之有活力并迅速占领市场。

（四）市场服务策略

市场服务策略是在原有产品基础上，通过提供附加服务，增加产品的让渡价值，进一步吸引消费者关注的策略。市场服务策略实际上创造的是一种改进型新产品，也是使延长餐饮产品生命周期的一种手段。

小资料

在守正创新中赢得未来

作为陕西西安餐饮界的知名传统品牌，西安大香港酒楼在外卖方面有一条规定：每天11点前百分百回复线上评价，遇到差评，一定要正面回复。这条规定让西安大香港酒楼了解了用户真实的用餐感受和需求变化。每一个用户反馈的问题，每一个问题的良好解决，都可作为门店研发菜品的思路，也可成为服务流程迭代的重要依据。

西安大香港酒楼相关负责人表示，外卖用户的需求有明显的阶段性特征，于是他们在节假日会针对外卖用户的用餐习惯进行产品调整。比如周末或者假期，增加四人份、六人份等产品类型，满足家庭聚会需要；在海鲜上市时节，推出“秋季小海鲜尝鲜”等活动，让用户吃到鲜美的海鲜粤菜。

业内人士表示，餐饮行业有很多变和不变，比如人们对于餐品品质的追求不会变，年龄的变化会导致对口味和品类喜好的变化，以及消费者去店里还是订外卖等用餐习惯会变。这些变与不变，需要老字号去发现、去琢磨。

北京烹饪协会会长认为，老字号坚守着餐饮匠心，传统的老手艺、老技术保证了食品的健康美味，也积累了口碑。但随着线上消费习惯的普及，吸引广大年轻群体，让品牌持续焕发活力，是老字号的一门必修课。越来越多的老字号在守正中“创新”，在守护品牌历史文化的基础上，更好地与线上经营相结合，打造全新老字号形象，让品牌具有更强的生命力。

（资料来源：餐饮老字号绽放消费新活力，有改动。）

学习任务

餐饮新产品开发过程如图5–1所示。

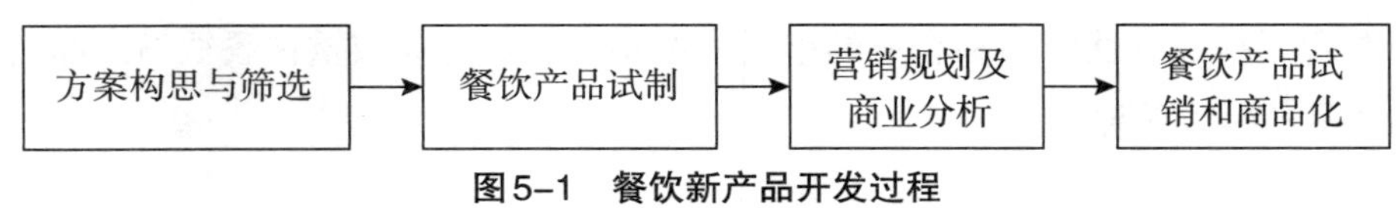

图5–1　餐饮新产品开发过程

1.方案构思与筛选

进行餐饮产品的开发，必须充分了解当前的市场信息和消费者需求，掌握最新的一手资料，在此基础上采取“走出去、请进来”、集思广益的做法，进行多种方案的构想。对构思的多种方案进行筛选，确定开发的品种或更新改造的最佳方案。

2.餐饮产品试制

餐饮产品试制是指在形成新产品概念的基础上进行产品试制和设计。产品创意是餐饮企业从自身角度去考虑，而产品概念则是指餐饮企业站在消费者的立场上看待产品。企业要根据消费需求把产品创意发展成为产品概念，将产品概念通过文字、图画、实物等形式展示给消费者，观察他们的反应。

3.营销规划及商业分析

对已经形成的新产品概念进行营销策略规划，并在以后的开发阶段中不断完善。餐饮营销策略规划包括三个方面。第一，分析目标市场，在对目标市场的规模、结构和消费者偏好进行分析的基础上，对新产品的定位、市场占有率、销售额和利润率进行分析和预测。第二，制定短期营销策略，对新产品的价格策略、分销策略和近期的营销预算进行规划。第三，制定长期营销策略。

商业分析主要是针对新产品进行财务方面的分析，即估计销售量、成本、利润和风险，判断该新产品是否满足餐饮企业开发的目标。

4.餐饮产品试销和商品化

在餐饮产品的试销阶段，可以通过推荐品尝的方式征求消费者的意见，或者将试制的菜品制成即时性菜单进行销售。

最后在商品化的过程中，要把握新产品导入市场的时机、场所和方法。

任务总结

餐饮产品是餐饮企业生产经营活动的核心物质载体，是餐饮企业的“生命”，也是餐饮企业经营的基础。餐饮产品是一个包括核心产品、形式产品和延伸产品的整体概念，在产品开发和经营各类餐饮产品时应按照“先核心、后形式、再延伸”的思路进行。餐饮产品组合包括三个因素——餐饮产品组合的广度、深度和相关度。餐饮产品是有生命周期的，在餐饮产品生命周期的不同阶段应采取不同的营销策略，以更好地吸引消费者，提高餐饮产品和企业的市场占有率。餐饮企业应重视餐饮新产品的开发，掌握新产品的开发策略。

实训项目

目标

1. 能够确定餐饮产品的核心利益和附加利益。
2. 通过参观、调查相关餐饮企业，能够确定餐饮产品所处生命周期的阶段。
3. 能参与餐饮产品开发实践，培养创新意识。

内容与要求

1. 教师带领学生参观星级饭店的餐饮部或不同性质的餐饮企业，查看其菜单，了解其菜品特色。
2. 了解所参观餐饮企业的产品销售情况，分析餐饮产品所处生命周期的不同阶段。
3. 了解所参观餐饮企业新产品的开发情况。

组织与实施评价

1. 组建项目团队：根据学生的学习能力、知识储备和性格特长方面的实际情况，组建项目团队（根据学生总人数，建议每个项目团队人数为5~8人），每个项目团队由1名组长来协调团队的各项工作。
2. 加强沟通协调：团队成员协作完成任务。
3. 撰写实训报告：各项目团队提交实训报告，字数不少于500字。

复习思考题

一、填空题

1. 餐饮产品生命周期包括________、________、________和________四个阶段。
2. 餐饮新产品按照其自身所具有的创新性大致可以分为________、________

和__________三种类型。

3.餐饮产品组合的评价指标主要包括__________、__________和__________三个方面。

4.餐饮产品组合的三个因素是__________、__________和__________。

二、单项选择题

1.餐饮产品整体观念中的主要部分是________。

A.核心产品 B.形式产品 C.附加产品 D.延伸产品

2.________是餐饮企业生产经营活动的核心物质载体，是餐饮企业的“生命”，是餐饮企业生产经营的基础。

A.餐饮产品 B.生产设备 C.餐饮营销 D.餐饮管理

3.餐饮产品一般不宜提前预制或规模化生产，餐饮服务更是不存在独立的生产过程和独立的存在形态，这是由餐饮产品的________特点决定的。

A.有形性与无形性的辩证统一 B.不可储存性

C.风味性 D.文化知识含量

4.餐饮产品的________是餐饮企业获利的“黄金时期”，也是打造名牌的最佳时期。

A.导入期 B.成长期 C.成熟期 D.衰退期

5.餐厅餐具的形状、大小、质地等属于餐饮产品整体概念中的________。

A.核心产品 B.形式产品 C.附加产品 D.延伸产品

三、简答题

1.餐饮新产品开发策略有哪些？

2.简述餐饮产品的特点。

3.简述餐饮产品质量的内容。

4.简述餐饮产品成熟期的营销策略。

5.简述餐饮新产品开发过程。

第六章　餐饮产品价格策略

学习目标

通过本章的学习，学生应认识价格策略对餐饮企业营销的重要性；理解餐饮产品价格的概念；掌握餐饮产品价格的构成及特点；了解餐饮产品价格制定的影响因素；掌握餐饮产品的定价方法和策略。同时，学生要能够制定餐饮产品的价格，能够运用价格策略开展餐饮的营销工作。

关键概念

餐饮产品价格　成本导向定价　需求导向定价　竞争导向定价　固定成本　变动成本

案例导入

新荣记：从地下室走出的高价大排档

20世纪90年代，浙江台州民间开始流行一句话："客气不客气，请吃新荣记。"意思是请朋友吃饭，去新荣记是最高礼遇。但其实，最早的时候，新荣记只是一家路边的海鲜大排档。

1995年10月1日，第一家新荣记——"新荣记食府"在台州临海三角马路的地下室里开业了。在定价方面，新荣记是全台州最贵的大排档之一，1995年两三百块可以在很多饭店消费一桌菜，而在新荣记仅人均消费就要一百多元。人均消费高的原因在于食材。新荣记的创始人当时的想法是可以卖贵一点，但不能骗消费者，不能把不好的东西卖给消费者。因此，虽然位于条件较差的地下室里，价格也很高，但是食材好、味道好，新荣记很快就火了。后来，这一想法被提炼为"食必求真，然后至美"，"真"是真材、真味、真诚，这是新荣记一直坚持的美食理念。

2007年，在杭州杨公堤植物园的花圃里又一家新荣记开业了，值得一提的是，这家新荣记彻底褪去了海鲜大排档的影子，以品质中餐为主，菜品也推陈出新，精简数量，把黄鱼、炖汤作为主打菜。凭借这家店，新荣记在杭州及周边地区做出了口碑，正式迈出了高端化的步伐，品牌效应开始积聚。

2018年，位于香港湾仔的临街店面的新荣记开业了。不久，这家新荣记火了，但不是因为好吃，而是因为菜价贵。“新荣记菜价贵”登上了香港本地报纸头条，报道称，香港市场售卖的活黄花鱼几百块一斤，而新荣记卖的冰鲜黄花鱼居然要几千块一斤，一条黄花鱼价格动辄过万元，简直是“把蛇卖出龙的价格”。一时间骂声四起，媒体更是直言新荣记“顶多三个月就要倒闭”。面对汹涌的质疑声，新荣记没有退缩，而是坚持做好产品。2018年年底，这家新荣记斩获米其林一星，在香港一炮而红，门店的大厅位置甚至需要提前一个星期以上预订。这家新荣记面积只有500平方米左右，大厅内只能摆放13张桌子，但2018年全年利润高达6000万元。

在“食必求真，然后至美”的理念下，新荣记稳步发展，严格控制开店的数量，将新荣记的不可复制性发挥到极致。自1995年建立品牌到2022年，27年间，新荣记只在北京、上海、香港、深圳等城市开了40多家店。

（资料来源：新荣记：27年只开40多家店，凭啥成为米其林收割机？有改动。）

案例分析

高端餐饮是经济发展的必然产物，有相应的需求，自然催生出相应的市场。人们一年到头总有几次需要到好一点的餐厅里用餐，这个“好”，既包括了对味道、食材的要求，也包括了对环境、服务的要求。新荣记可以说是一家快时代里的慢公司，它坚持对食材和美味的追求，不贪图速度，一步一个脚印，这也是新荣记高定价的重要原因之一。

知识准备

第一节　餐饮产品价格构成

餐饮企业的声誉不仅体现在产品质量、地理位置、就餐环境、服务态度、风味特色等方面，也体现在产品的价格上。餐饮产品价格的制定，是建立在对餐饮产品价格的正确认识基础上的。正确认识餐饮产品价格的概念、餐饮产品价格的构成，是餐饮产品定价的前提。

餐饮定价是销售和成本控制的一个重要环节。价格会直接影响企业的经济效益，能够体现一家餐厅的定位。价格还是企业营销的重要手段。在餐饮企业营销组合的诸多因素中，价格是作用较直接、见效较快的一个因素。在扩大市场占有率和推广新产品时，低价销售是一种常用的营销策略。

在餐饮产品定价时，一方面，要以经济学的价格理论为基础；另一方面，市场环境的千变万化使得餐饮企业必须在分析各种制约条件的基础上，灵活制定餐饮产品价格。价格策略运用效果如何，在很大程度上取决于价格策略的质量，包括价格的定位是否适当，是否能有效地组织其他资源为价格策略的实施创造条件等。

大量营销实践表明，价格不仅直接关系到餐饮企业的收益，还是决定餐饮企业经营活动的市场效果的重要因素。餐饮产品的市场占有率、市场接受新产品的速度、餐饮产品在市场上的形象等都与价格有密切的关系。餐饮企业必须采用恰当的定价方法与策略，与其他营销手段相配合，增强整体的营销效果。

一、餐饮产品价格的概念

餐饮产品与其他产品一样，是人类劳动的结晶。餐饮产品凝结了人类的一般劳动，并具有满足消费者物质需求和精神需求的使用价值，因而餐饮产品在市场中也和其他商品一样需要通过交换体现出自身的价值。餐饮产品价格，就是消费者为满足自身需求而购买餐饮产品的价值表现，是由生产同类产品的社会必要劳动时间决定的。

二、餐饮产品价格的构成

价格构成又称“价格结构”或“价格组成”，是构成商品价格的各因素以及各因素在价格中所占的比例，一般包括生产成本、流通费用、税金和利润四个部分。生产成本和流通费用是商品生产和销售中所耗费用的总和，即成本。保证成本是制定产品价格的下限，是商品生产经营活动得以正常进行的必要条件。生产成本是商品价格的主要组成部分。构成商品价格的生产成本，不是个别企业的成本，而是社会成本。流通费用包括生产单位支出的销售费用和商业部门支出的商业费用。商品价格中的流通费用是以商品在正常经营条件下的平均费用为标准计算的。税金是纳税人按照法律规定向国家缴纳的一部分纯收入，可以分为价内税和价外税。利润是劳动者为社会创造的一部分剩余产品的货币表现，是国家积累的主要来源。计算和分析商品的价格构成，既是运用价值规律制定商品价格的理论依据，也是促进生产部门和流通部门节约社会劳动、提高经济管理水平的重要手段。

餐饮产品价格也是由四个部分构成，即成本、费用、税金和利润。成本包括原料成本、燃料成本、人工成本等。费用是指营业费用、管理费用和财务费用。税金包括营业税、城市维护建设税和教育附加税。利润则是一定时期内营业收入额扣减成本、费用和税金之后的余额。

在餐饮产品价格构成中还有一个重要概念——毛利。毛利是餐饮产品价格减去成本后的差额，由费用、税金和利润组成。因此，餐饮产品价格还可表示为成本与毛利之和。

三、餐饮产品价格的特点

餐饮产品的价格结构中，占较大比例的是原料成本、人工成本等变动成本。这部分变动成本在高档餐厅中占很大比例，餐厅中有些菜品的加工生产费用远远超过原料成本，有的餐厅提供送餐服务，其服务费用也很高。因此，在定价时人工成本是一个不可忽视的因素。

餐厅业主既是生产商又是销售商。餐厅生产的产品一般不通过中间商销售，而是直接向消费者销售。由于餐厅直接与消费者接触，因此产品定价决策与消费者的反应、消费者就餐喜好以及他们对价格的敏感度有直接关系。这一点与制造业不同，制造企业远离消费者，无法根据消费者的直接反馈调节价格。餐饮业可利用价格直接影响需求，应对竞争。因此，餐饮定价还要考虑消费者的需求。

第二节　餐饮产品价格的制定

餐饮产品的价格是一个变量，受到诸多因素的影响和限制，也受定价目标的制约或引导。餐饮产品价格的制定不仅要考虑成本、定位等，还要兼顾餐饮企业的长远发展。同时，餐饮产品价格的制定有着严格的程序要求，要按照一定的步骤进行。

一、餐饮产品定价的影响因素

餐饮产品的定价是众多因素相互作用的结果，这些影响因素包括餐饮企业的内部影响因素和外部影响因素两个方面。餐饮企业的管理者在做出定价决策之前应充分考虑这些因素。

（一）内部影响因素

影响餐饮产品定价的内部影响因素是指餐饮企业在定价时自己有能力控制的因素，如餐饮产品成本、餐饮产品差异性、餐饮产品的定价目标、人力资源、餐饮企业发展战略、餐饮营销组合的其他要素等。

1.餐饮产品成本

餐饮产品成本是餐饮产品价格构成中的基本因素。餐饮产品成本是在产品的生产过程和流通过程中所花费的物质消耗和人力成本，包括产品生产、销售甚至经营的所有支出，是构成餐饮产品价格的主要组成部分。

不同的餐饮产品，其成本构成也不同。餐饮产品成本是餐饮企业在正常的市场环境下的最低定价。在市场竞争中，产品成本较低的餐饮企业在定价时往往具有较大的主动性，较易保持竞争优势，并能得到合理的利润。

2. 餐饮产品差异性

餐饮产品差异性包括有形产品本身的差异和产品设计、名称、产品的载体（如餐具）、服务以及销售渠道等方面的差异。如果餐饮产品在上述方面有独到之处，则其定价的灵活性较大，有利于餐饮企业赢得较多的利润。这是因为：首先，餐饮产品的差异性使竞争的餐饮企业之间产生了区别，同时消费者对品牌的忠诚度增加了餐饮产品价格的刚性；其次，餐饮产品的差异性使得消费者无法进行量化比较，使消费者对价格的敏感性相对减弱。

餐饮产品的差异性对餐饮产品价格的影响表现在以下几个方面。

（1）档次。餐饮企业档次的高低直接影响餐饮产品的定价。如“香菇菜心”在一家普通餐馆的定价为26.00元，而在一家四星级饭店的餐厅，其定价可达68.00元。这充分说明餐厅档次对餐饮产品价格的影响。

（2）原料。原料成本不同，餐饮产品价格必然不同。

（3）工艺。餐饮产品的制作工艺对定价的影响也非常大。一般来说，工艺复杂的菜肴，其价格较高，而工艺相对简单的菜肴，其价格较低。

3. 餐饮产品的定价目标

餐饮产品的定价目标基于前期的营销分析和营销决策。餐饮产品定价的目标是餐饮企业营销目标的具体延伸。一般来说，餐饮企业可能同时追求多项目标，目标越清晰、越容易量化，则价格越容易确定。而餐饮企业价格的确定又会影响利润、销售收入以及市场占有率等目标的实现。

4. 人力资源

餐饮企业员工的数量和质量会影响餐饮产品的定价，因为这涉及餐饮企业的经营费用。如果餐饮企业员工数量较多，为保证企业正常的盈利水平，餐饮产品的定价较高；如果餐饮企业聘用较多的知名厨师、知名服务师，餐饮产品的定价较高。

5. 餐饮企业发展战略

在市场经营中，受所处环境、自身实力、对市场的判断等因素的影响，餐饮企业采取的发展战略各有不同。餐饮企业发展战略一般有密集型发展战略、一体化发展战略和多元化发展战略三种。餐饮企业采取的发展战略不同，则餐饮产品定价的策略就会不一样。餐饮企业若采取密集型发展战略，则可通过降价来进一步占领现有的市场，或通过改进原有产品同时维持原有的产品价格，增加在现有市场及新开发市场上的销售量。餐饮企业若采取一体化发展战略，以提高营利能力和控制能力，则可采取优惠价格的形式，加强与供应商、销售渠道或生产同类产品企业的联系。餐饮企业若实行多元化发展战略，则在实施战略的初期，应保持餐饮产品价格的相对稳定，在实施战略较为成功后再对餐饮产品实施降价等策略调整。

6.餐饮营销组合的其他要素

价格决策与产品决策、促销决策等其他营销决策相比，是营销组合中较灵活的一项。营销人员可以在短时间内比较迅速地制定、调整或变更产品的价格，但餐饮产品的价格决策不能与其他营销决策相分离而单独进行。首先，定价体现着餐饮产品的定位，因此产品决策影响着定价决策。其次，促销决策往往要求以一定的价格变化作为辅助手段。许多餐饮企业在推出新产品时，常见的一种促销活动就是降低产品价格或免费为首批客人提供服务，以便使潜在消费者能够积极加入，扩大产品的知名度。因此，价格决策应与其他营销决策综合考虑，不应单独进行。

（二）外部影响因素

影响餐饮产品定价的外部因素是指餐饮企业无法控制的、但对餐饮产品定价有较大影响的因素，如消费需求、市场发展情况和竞争状态、政府的宏观管理、环境、本地区人民生活水平等。

1.消费需求

消费需求对餐饮企业定价的影响可以从支付能力和消费偏好反映出来。前者，即消费者的实际支付能力，构成餐饮产品在市场中的价格上限，餐饮产品定价应充分考虑消费者的支付能力。消费者对于餐饮产品的消费偏好常常受到消费时尚的影响。由于餐饮产品的弹性较大，因此消费偏好的变化会直接影响餐饮产品的定价。例如在20世纪90年代初，针对消费者的攀比心理，很多餐饮企业推出了高价的极品宴；再如20世纪90年代末，绿色健康消费方式的流行促使国内许多餐饮企业竞相推出价格不菲的野菜宴。

2.餐饮产品生命周期和竞争状态

餐饮产品生命周期一般包括导入期、成长期、成熟期和衰退期，不同的阶段应采用不同的定价策略。例如，一家餐饮企业刚开业，正处于导入期，应制定相对较低的价格，以便赢得更多的消费者；在成长期，可适当提高产品的价格；在成熟期，可保持产品价格的稳定；在衰退期，可针对市场情况降低产品的价格。

餐饮企业定价的范围和自由度主要取决于市场竞争格局。在激烈的市场竞争中，餐饮产品价格往往受同类产品价格的影响和制约。

3.政府的宏观管理

政府的宏观管理主要表现在货币、财政、税收政策等方面。在现代经济生活中，我国政府对价格的干预程度在不同行业有着很大的区别。餐饮产品的特性使餐饮企业不仅要关注本行业的政府行为，还要注意相关行业的政府行为。

4. 环境

餐饮企业在制定产品价格时，必须考虑企业所处的外部环境，如餐饮行业的发展趋势，餐饮原料的通货膨胀情况，国家有关价格、竞争、行业结构等方面的政策法规，社会公众和消费者的意见等。餐饮企业应认真分析这些环境因素，从而制定出既适合环境又具有一定竞争力的价格，以保证企业的经济效益。

小案例：
品牌溢价的取舍

餐饮产品的价格水平受当地人民平均生活水平的影响很大。一般来说，当地人民的生活水平高，餐饮产品的定价就会高一些；当地人民生活水平较低，餐饮产品的定价就会低一些。

二、确定餐饮产品的定价目标

餐饮企业在对餐饮产品进行具体定价时，要有明确的定价目标。企业的定价目标一般有以下五种情况。

（一）以利润为定价目标

以利润为定价目标又可以分为以下三种情况。

1. 以实现预期利润为定价目标

企业常将预期利润水平定为投资额或销售额的一定比率，反映为预期的投资利润率或销售利润率等指标。以实现预期利润为定价目标，需要企业在定价时考虑如何价才能在预定时间内收回投资，并获得预期的利润。在这一目标下制定的价格，除了包括产品成本，还包括预期利润。一般来说，预期利润率应高于银行存款利率。如果竞争者少，可将预期利润率定得适中，以便实现中长期稳定的营利。

2. 以追求利润最大化为定价目标

最大化利润是指企业在一定时期内可能获得的最高利润。利润最大化并不意味着要制定最高的价格，因为最大的利润往往来自合理定价所推动的需求量和销售规模的扩大。此目标是以良好的市场环境为前提的，一般只适用于一些专卖商品，如烟、酒或某些功能较优的新产品。任何产品在市场上处于绝对优势或有利地位时，都可以以此目标来定价。但不合理的高位定价很可能导致需求减少、购买延迟、竞争者大量涌入，从而削弱产品的竞争力。

3. 以赚取合理利润为定价目标

餐饮企业出于长期经营的考虑，为减少风险、扬长避短，往往以赚取合理利润为定价目标。“合理”即既能使消费者接受，保持一定的产品销售量，又能保证企业有利可图，减少经营风险。

（二）以防止和应付竞争为定价目标

价格竞争是市场竞争的一个重要方面，餐饮企业往往运用渗透定价的策略使其在竞争中处于有利地位。在定价之前，餐饮企业应广泛收集资料，将本企业产品同竞争者的产品进行比较，根据企业的经营策略做出选择。拥有垄断技术和实力，并且美誉度和产品知名度都较高的餐饮企业，可以选择高于一般竞品的定价策略；而在竞争者实力相当、市场容量宽松的条件下，可以采取随行就市的定价策略。

（三）以餐厅销售为基础的定价目标

餐饮企业管理人员有时从销售的角度考虑，将菜品价格定得比同行低些，以增加竞争力，吸引更多的消费者，提高餐厅的知名度。有些餐饮企业在遇到激烈竞争时，为了扩大或保持市场占有率，甚至为了控制市场，也会用低价来吸引消费者。在这种情况下，餐饮企业可能会损失一些利润，但靠较大的产品销量及酒水销售，餐饮企业仍有利润可赚。

有时餐饮企业的管理人员会从消费者的角度考虑餐饮产品的定价。例如，以接待旅游团队为主的企业，会考虑旅游团队的住宿及游玩需求，从而将餐饮价格定得稍低些，以旅游团队的住宿等消费，使企业的整体利润得到提高。

（四）以生存为定价目标

在遇到金融危机、市场疲软或行业竞争危机的情况时，餐饮企业为了能生存下去，在定价时往往只求保本，待市场情况好转、需求回升或餐厅打响知名度后，再提升价格。这是餐饮企业遇到危机时的基本定价目标。

（五）以树立企业形象为导向的定价目标

有些大型餐饮企业的餐饮产品定价目标，以树立企业形象为主，不会轻易随着市场行情的变化而涨价或降价。例如，北京燕莎中心凯宾斯基饭店提出决不降价，坚持“五星饭店五星价”。

第三节 餐饮产品定价方法

定价方法是餐饮企业为实现其产品定价目标所采取的具体方法。在实际工作中，餐饮企业的定价方法多种多样。为了实现预期目标，餐饮企业要从诸多的定价方法中挑选适当的方法，制定出适合自己餐饮产品的价格水平。一般来说，无论采用何种定价方法，餐饮企业都应分析市场需求、产品成本和竞争状况。根据定价时餐饮企业侧重考虑的因素，餐饮企业的定价方法分为成本导向定价法、需求导向定价法和竞争导向定价法。

一、成本导向定价法

成本导向定价法就是以产品成本为主要依据来制定价格的定价方法。这是传统的、运用较普遍的定价方法。成本导向定价法包括成本加成定价法等。

成本加成定价法是在产品成本的基础上加上一定比例的加成（毛利）后制定出产品价格的方法。成本加成定价法的优点在于，所定价格如能被接受，则能保证企业全部成本得到补偿。企业成本由企业自己掌握，计算方便。同时，在成本没有大的波动的情况下，有利于价格的稳定，并给消费者一种定价合理的印象。其缺点在于，不能反映市场需求状况和竞争状况。

成本加成定价法包含以下几种定价法。

（一）完全成本加成定价法

完全成本加成定价法，即按产品单位成本加上一定比例的加成，制定出价格。这是成本加成定价法的基本形式，主要用于制定食品和饮料的价格。该方法的计算过程可分为以下三个步骤。

步骤1：算出产品单位成本。

步骤2：估计加成率。

这主要由经营人员根据过去的经验，结合判断决定。

步骤3：利用公式算出产品价格：产品价格=产品单位成本 ×（1+加成率）。

例如：某菜肴的产品单位成本为20元，餐饮经理确定加成率为40%。那么，该菜肴的价格为20×（1+40%）=28（元）。

完全成本加成定价法的优点是计算简便，而且在市场环境诸多因素基本稳定的情况下，采用这种方法可以保证各行各业获得正常的利润。另外，若整个行业都采用这种定价方法，各企业的成本和加成率都比较接近，定出的价格相差不大，则餐饮企业间的竞争就不会太激烈。但是，这毕竟是一种典型的生产导向观念的产物，这种方法只考虑了成本因素，没有分析市场的需求弹性和消费者心理，很难使企业获得较高利润。

（二）因素定价法

因素定价法是根据产品所包含的组成因素确定产品价格的方法，是成本加成定价法的一种简单的变化形式。这种方法主要适用于高档餐厅，因为高档餐厅在进行产品定价时，不仅要考虑食品原料成本，还要考虑餐厅的地理位置、声誉、环境等多种因素。因素定价法的优缺点类似于完全成本加成定价法。

（三）实际成本定价法

该方法主要是针对餐饮部门设计的。这种方法是先为餐饮产品的成本确定一个上限，定价人员再根据这个上限来制定适当的价格。实际成本定价法可按以下步骤进行。

步骤1：估计销售收入。

步骤2：确定目标利润，可用销售收入的百分比表示。

步骤3：详细算出除食品原料成本以外的其他成本。

步骤4：计算出食品原料成本上限：食品原料成本上限=销售收入-（目标利润+其他成本）。

步骤5：根据食品原料成本上限制定产品价格。

（四）收支平衡定价法

收支平衡定价法是基于损益平衡原理的一种保本定价方法。收支平衡定价法以盈亏平衡点的总成本为依据来确定产品价格。盈亏平衡点是指企业收入和成本相等时的销售量。

收支平衡定价法用途广泛，能帮助定价人员找出理想的价格，是定价人员分析餐饮产品价格的一种十分有效的工具。但是，由于预测产品销售量和产品单价存在一定的难度，再加上产品成本费用有时不易计算，因此这种方法有一定的局限性。

（五）目标收益定价法

成本加成定价法的缺陷之一就是不考虑餐饮企业投资回收情况，而有些定价法却能弥补这一不足，如目标收益定价法。目标收益定价法是企业按预期获得的利润来确定餐饮产品价格的方法。其定价的步骤如下。

步骤1：由餐饮企业投资者决定目标收益率。在估计目标收益率时，应考虑风险程度、机会成本及竞争者的投资收益率。

步骤2：确定目标利润总额：目标利润总额=投资总额×目标收益率。

步骤3：预测销售量。

步骤4：计算餐饮产品价格。

目标收益定价法的优点在于，它同时考虑了投资消费水平、收入、价格及利润等因素，可以保证实现既定的目标收益率。该方法的缺点在于未考虑价格与需求的关系。

因此，用这种方法计算出来的价格，不能保证预测的销售量一定实现，尤其是需求弹性大的产品，这个问题会更突出。

二、需求导向定价法

需求导向定价法不以成本为依据，而是以消费者对产品价值的理解和认知程度为依据。需求导向定价法是市场导向观念的产物，包括理解价值定价法和需求差异定价法。

（一）理解价值定价法

这是企业根据消费者对产品价值的认知而不是根据卖方的成本制定价格的办法。各种商品的价值在消费者心目中都有特定的位置。当消费者选购某一商品时，常会将该商品与其他同类商品进行比较，通过权衡相对价值的高低决定是否购买。因此，餐饮企业向某一目标市场投放产品时，需要给这种产品在目标市场上进行“定位”，即企业要努力拉开该产品与市场上同类产品的差异，并运用各种营销手段来影响消费者的价值观念，使消费者感到购买该产品能比购买其他产品获得更多的相对利益。然后，企业就可以根据消费者所形成的价值观念确定产品价格。

（二）需求差异定价法

这是根据消费需求的差异，对同种产品制定不同价格的方法。其主要形式包括以下三种。

1.对不同的消费者采取不同的价格

例如，对于同种产品，对购买量大和购买量小的消费者采取不同的价格策略，对会员用餐给予价格优惠等。

2.相同的产品在不同的地区销售，价格可以不同

例如，同样的餐饮产品，在沿海地区的价格和内地的价格是有差异的。

3.相同的产品在不同时间销售，价格可以不同

例如，需求旺季的餐饮价格要明显高出需求淡季的餐饮价格，有些餐饮企业下午2点后的餐饮价格比正点的餐饮价格低。

三、竞争导向定价法

竞争导向定价法是一种以同类餐饮产品的市场竞争状态为依据，以竞品价格为基础的定价方法。这种方法以竞争为中心，同时结合餐饮企业自身的实力、发展策略等因素来确定价格。不同的餐饮企业对餐饮市场竞争有不同的判断，这种定价方法可大致分为两类。

（一）率先定价法

这是一种主动竞争的定价方法，一般为实力雄厚或产品独具特色的餐饮企业所采用。

在制定价格时，餐饮企业首先将市场上竞品价格与企业估算价格进行比较；其次将企业产品的性能、质量、成本、产量等与竞品进行比较，分析造成价格差异的原因；再次根据以上分析综合确定本企业产品的特色、优势及市场定位，在此基础上按定价所要达到的目标，确定产品价格；最后跟踪竞品的价格变化，及时分析原因，相应调整本企业产品的价格。采用这种方法所确定的餐饮产品价格若能符合市场的实际需要，率先定价的餐饮企业会在竞争激烈的市场环境中获得较大的收益，居于主动地位。

（二）追随核心定价法

这是根据餐饮市场中同类产品的平均价格水平，或以竞品的价格为基础的定价方法。在有许多同行相互竞争的情况下，每家餐饮企业经营着类似的产品，若价格过高，就可能失去销售量；若价格过低，就需要增加销售量来弥补降低了的单位产品利润，而这样做可能会迫使竞争者随之降低价格，从而失去价格优势。

在餐饮营销活动中，由于“平均价格水平”常被消费者认为是合理的价格，易被消费者接受，“平均价格水平”也能保证企业获得与竞争者相近的利润率，因此许多企业倾向于与竞争者保持一致的产品定价，尤其在少数实力雄厚的企业控制市场的情况下。大多数中小型餐饮企业的市场竞争力有限，它们也不愿与生产经营同类餐饮产品的大型企业作“硬碰硬”的正面竞争，于是就跟随大型企业同类产品的价格，制定大致相仿的价格并随其价格变化而相应地调整本企业产品的价格。

小资料

定价是一种“特殊”的营销手段

定价不仅是一种产品策略，还是品牌应对不同营销时期的一种营销手段，起着定位产品价值、沟通品牌文化以及刺激消费等作用。著名的价格大师赫尔曼·西蒙（Hermann Simon）在他的经典名作*Confessions of the Pricing Man: How Price Affects Everything*中曾提及，“定价”才是营销策略中最重要的一环。

第一，定价是低成本的营销手段。科特勒在《营销管理》一书提到，价格是带来收入的唯一因素，也是营销策略中容易调整的因素。对于品牌而言，价格是低成本的营销手段，而调整产品、渠道和宣传会花费更多的成本。

很多人认为，定价只是品牌根据产品自身价值制定售卖价格的一种方式，但事实上，定价是品牌根据市场行情、竞品价格、边际成本、产品自身价值和品牌溢价等，将投放到市场的产品通过价格手段来吸引消费行为的一种营销手段。

第二，定价是提高消费者忠诚度的手段。像肯德基、麦当劳推出的仅限早餐时段使用的套餐组合，就是为了提高消费者的黏性，培养常态化消费习惯，增强消费者的品牌忠诚度。

第三，定价是提升品牌溢价的营销方式。同样是咖啡，装在肯德基的杯子里和星巴克的杯子里，其价格有着天壤之别。常说奢侈品的溢价空间，奢侈品卖的不是质量也不是材料价格，而是奢侈品所标榜的品牌故事和文化，它的定价是为了提高品牌的溢价。

第四，定价是在特殊时期的营利技巧。为什么阿里巴巴要造一个“双11”购物节？因为它想以品牌周期性的运营，定时刺激消费者引发条件反射，为品牌形成“生物钟营销”。京东的“618”也是如此。这些营销玩法，就是给品牌一个营销由头，给消费者一个低价薅羊毛的理由，最终帮助品牌实现盈利增长。

品牌产品需要根据目标客户来设置价格。价格过高，或者过低，都会影响品牌和产品，以及企业利润。品牌产品的价格策略运用得当，会促进产品的销售，提高市场占有率，增加品牌的竞争力。反之，则会制约品牌的生存和发展。

（资料来源：定价就是定生死，品牌如何为产品定价？有改动。）

第四节　餐饮产品定价的策略

餐饮产品定价策略是餐饮企业根据餐饮市场的具体情况，从定价目标出发，灵活运用价格手段进行定价，以实现企业的营销目标。在餐饮竞争十分激烈的当下，市场变化多端，机遇稍纵即逝。餐饮企业只有根据不同的市场情况，采取针对性的经营策略，方能赢得竞争。一般来说，餐饮企业的产品定价策略主要有新产品定价策略、心理定价策略、折扣定价策略和差别定价策略等。

一、新产品定价策略

新产品定价策略既包括新开业餐厅的产品定价策略，也包括已开业餐厅推出新产品的定价策略。新产品定价策略有以下几种。

（一）撇脂定价策略

撇脂定价策略也称市场暴利策略，是一种高定价策略。对于新研制的产品，市场上暂时还没有竞品，此时可将价格定得高些，以牟取高额利润。随着市场上竞品的增多，可逐步把价格降下来，这样较符合消费者对价格从高到低的心理预期。而且，因为先得到了利润，在竞品增多时甚至可以把价格定得比别人更低，使产品仍然具有竞争力。采取这种策略能在短期内获取尽可能多的利润，尽快收回投资成本。

餐饮产品的价格不能简单地认为是原料成本加利润，还应包括许多无形的成本，如餐饮企业的建筑特色、装潢风格、知名度、服务人员的气质等，因此一些餐饮产品的价格定得会高一些。

（二）市场渗透定价策略

市场渗透定价策略与撇脂定价策略相反，是一种低价格策略。这种策略是一开始就将新产品以低价格投放市场，目的是使新产品迅速被消费者接受，迅速占领市场，从而取得较高的市场份额，通过扩大市场销量，增加盈利。由于价格较低，竞争者觉得无利可图，因此采用市场渗透定价策略还能有效地防止竞争者进入市场，从而使企业在较长时间内居领先地位。

（三）满意定价策略

这是一种折中定价策略，吸取了上述两种定价策略的长处。制定比撇脂定价低，但比市场渗透定价高的适中价格，既能保证企业获取一定的初期利润，又较易为消费者所接受。

二、心理定价策略

心理定价策略就是在制定餐饮产品的价格时，不但考虑消费者对餐饮产品的理性分析，而且注重消费者在心理情绪上对餐饮产品的反应，是餐饮企业利用消费者心理有意识地确定不同的价格以扩大销售的定价策略。在定价时利用消费者的心理反应制定适宜的价格，可以刺激消费者对餐饮产品的消费。心理定价策略常用的方法有以下几种。

（一）吉利数定价策略

吉利数定价策略即在给餐饮产品定价时，充分利用人们在日常生活中喜欢讨吉利的心理而制定价格。比如，餐厅推出一道菜，若定价为63元就不如定为68元，虽然相差不多，但后者价位更容易被消费者接受。吉利数很多，像“6”“8”等在定价时广泛应用。反之，对那些非吉利的数字，在定价时要慎用，如“4”“250”等。

（二）尾数定价策略

这种定价策略也称非整数定价策略，即给餐饮产品定一个非整数的价格。人们在日常生活中会不自觉地认为整数标价比尾数标价要高。比如甲餐厅一道菜的定价为100元，乙餐厅同样的菜定价为99元，尽管两个定价相近，但给消费者的印象是乙餐厅菜价便宜，甲餐厅菜价贵。

（三）声望定价策略

这种定价策略是指针对“价高质必优”的消费心理制定价格的一种策略。一些餐饮企业为餐饮产品制定较高价格，这是因为价格的高低常被用来反映产品档次的高低。消费者在识别高档产品时，这种心理表现尤为强烈。高价与高档次比较协调，能显示出产品的高层次，给消费者留下高档的印象，甚至使消费者感到购买此产品可提高自己的声望、档次。

三、折扣定价策略

这种定价策略是指餐饮企业在既定的产品价格基础上给消费者打折优惠，目的是吸引、鼓励消费者积极消费。这是一种以实惠争夺消费者、适应需求、灵活经营的策略，对提高餐饮企业的竞争能力、扩大销售、增加利润都有很大作用，为餐饮企业普遍采用。常用的折扣定价策略有以下几种。

（一）数量折扣

这是指为了鼓励消费者大量购买，根据购买者所购买的数量给予一定的折扣。数量折扣又可分为以下两种。

1. 累计数量折扣

这是指在一定时间内，消费者购买总数超过一定数额时，餐饮企业按消费总数给予一定的折扣。一般情况是消费者消费数量越大，折扣越多。这种定价策略有利于加强餐饮企业与消费者之间的联系。

2. 一次批量折扣

一次批量折扣即消费者一次购买数量达到企业所规定的数量，就可得到一定的折扣，超过数量越多，折扣越大。这样能刺激消费者消费，增加餐饮企业利润，又能减少交易时间，节约开支。一次批量折扣常见于团体用餐优惠。餐饮企业为促进销售，提高本企业在社会上的知名度，往往对旅游团队、会议用餐等大批量就餐的客人给予折扣。尽管团体客人每人的消费标准并不高，但由于人数多，总体消费量大，因此形成了薄利多销的情况。同时，团体往往有豪华大客车接送，内宾、外宾经常进出餐厅，能起到提高餐饮企业社会知名度的作用。

（二）现金折扣

这种折扣又被称为付款期限折扣，是指对现金交易或按期付款的消费者给予价格折扣。具体操作方法是若买方在卖方规定的付款期前若干天内付款，卖方就给予一定的折扣。其目的是鼓励买方提前付款，以便卖方尽快收回货款，加速资金周转。

四、差别价格策略

在激烈的市场竞争中，餐饮企业采取相同的餐饮产品以不同价格出售的策略，其目的是通过形成数个局部的市场而扩大销售，增加企业的收入来源。

（一）地理差价策略

这是指餐饮企业以不同的价格在不同地区营销同一产品。采用这种策略主要是因为不同地区的消费者具有不同的爱好和习惯，各地市场有不同的需求曲线和需求弹性。如沿海地区与内陆地区消费者的饮食习惯和偏好有很大的不同，对同样的海鲜菜品的需求有明显的不同，产品定价也就不同。

（二）时间差价策略

按照消费需求的时间不同，餐饮企业对相同的产品制定不同的价格。例如，餐饮企业可以推出“分时段价格消费”，不同的时间用餐，价格不同。

学习任务

餐饮产品的价格确定是建立在科学基础之上的，必须遵循一定的程序和步骤。一般来说，餐饮产品定价步骤如图6–1所示。

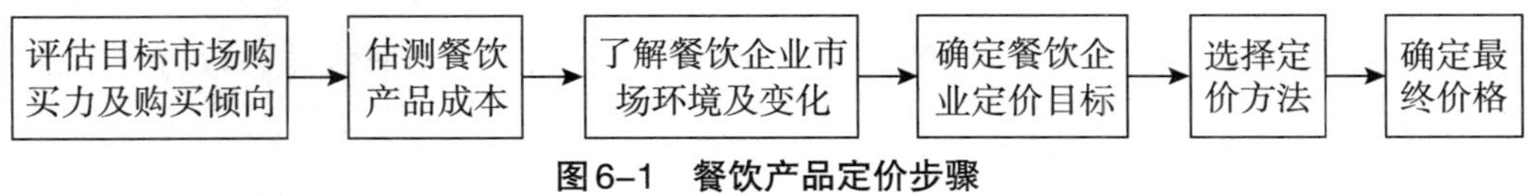

图6–1 餐饮产品定价步骤

1.评估目标市场购买力及购买倾向

目标市场是餐饮企业开展营销活动的空间和获取预期收益的来源。目标市场的大小及消费者的购买潜力就成为企业定价的前提条件。因此，餐饮企业通过对目标市场的评估，可发现消费者的现实需求，了解消费者对餐饮产品的价值理解程度和价格承受力，并发掘出消费者的潜在需求及消费偏好变化，以便采取主动、灵活的价格政策，引导目标市场的成长。

2.估测餐饮产品成本

通过评估目标市场的大小和消费者的购买力，可以确定餐饮企业产品供给的总量和价格的上限，再通过对企业单位产品成本估测，就可以找到支撑企业正常运转的价格下限，从而使企业明确产品价格可变动的范围。对单位产品成本进行分析，可找出产品在最佳规模时的最低单位成本，并从中看出产品成本发展的趋势，从而为确定恰当的产品价格提供可靠的依据。

餐饮产品成本包括两部分：一是固定成本，二是变动成本。固定成本指的是固定资产（主要指建筑物、机器设备等）折旧费、租金、利息、办公费用、上层管理人员报酬等相对固定的开支，一般不随产品产量的变动而变动。固定成本不能计入某阶段的某项产品之中，而是以均值的方式计入各产品成本中。变动成本（又称可变成本）是指原材料、生产用燃料、职工工资等随产量的变动而变动的成本。这部分成本随产品产量的变动成正比例变化，它可直接计入各种具体产品的成本之中。

3.了解餐饮企业市场环境及变化

餐饮产品价格的确定，还必须考虑企业内外环境要求及其变化。对于餐饮企业内部而言，供货商价格的稳定性、供货时间的衔接性和供货品种的齐全性等，关系到餐饮企业能否顺利控制原材料、燃料采购成本，从而为产品成本奠定良好的基础；对餐饮企业外部环境而言，国民收入水平、消费结构、产业结构、经济增长率、政府支出等因素的变化也会制约或促进餐饮产品的价格。

4.确定餐饮企业定价目标

餐饮企业确定定价目标关系到企业生存和发展的时间、空间，无论企业作何种定价目标决策，都必须考虑自身的规模实力，考虑市场拓展的有利因素和障碍，考虑目标市场的转移、替换以及企业资源配置的可能性和变化等，进而与餐饮市场中现在和今后可能变化的最高限价和理想价格比较，在诸多的定价目标中选择出符合自身实际的定价目标。

5.选择定价方法

选择定价方法取决于企业的定价目标和影响价格的主要因素，还取决于产品本身的特点。定价过程中必须充分考虑定价策略，要从竞争者和消费者的心理上、市场的差异上、需求的差别上等进行分析与定价工作，既要使定价工作与企业其他营销工作相配合，为企业的全面发展创造良好的环境和条件，又要在定价工作中充分体现出定价的科学性、艺术性和技巧性，增进消费者对产品价格的理解和偏爱。

6. 确定最终价格

运用一定的方法确定出基本价格后，还需要考虑其他有关情况，如政府有关政策、消费者心理等。这就需要合理运用定价策略，确定最终价格。确定最终价格应遵循以下四项原则。

（1）保持餐饮产品价格的制定与企业预期定价目标的一致性，有利于企业总目标的实现。

（2）餐饮产品价格的制定要符合国家政策法令的有关规定。

（3）餐饮产品价格的制定要符合消费者整体及长远利益。

（4）餐饮产品价格的制定与企业市场营销组合中的非价格因素要协调一致、相互配合，达到为企业营销目标服务的目的。

任务总结

餐饮产品价格的确定要合理、科学，通常要遵循一定的程序和步骤。首先对目标市场的购买力及购买倾向进行评估，其次对餐饮企业的产品成本进行估测，再次对餐饮企业的市场环境进行了解、调研，确定企业的定价目标后选择餐饮企业定价的方法及相应策略，最后定价。

餐饮企业通过对目标市场的评估，可发现消费者的现实需求，了解消费者对餐饮产品的价值理解程度和价格承受力，并发掘消费者需求的趋势和特点，以便采取主动、灵活的定价策略，引导目标市场的成长。估测餐饮产品成本可以帮助企业找到价格下限，明确产品价格灵活变动的范围，同时对单位产品成本进行分析，可找出产品在最佳规模时的最低成本，以确定最佳的产品价格，从而提高企业运营效率。了解餐饮企业市场内外部环境及变化不仅关系到餐饮企业是否能顺利地控制成本，而且关系到产品价格的升降。确定餐饮企业定价目标与企业的定位密切相关，关系到企业生存和发展的时间、空间，餐饮企业应根据自身的规模实力、发展战略、市场变化等因素选择符合自身实际的定价目标。餐饮企业的定价方法取决于企业的定价目标和影响价格的主要因素，同时还要根据不同产品的特点，依据定价策略给出科学又有吸引力的定价。餐饮企业的最终价格要符合国家政策法规，并符合企业的定价目标及消费者的利益，同时与企业市场营销组合中的非价格因素协调一致、相互配合，以实现餐饮企业的营销目标。

实训项目

目标

培养学生根据相关知识对餐饮企业的定价策略进行分析和判断的能力。

内容与要求

1. 根据当地某餐厅的性质，对某餐厅的菜单进行分析，分析该餐厅的价格策略，指出其不合理之处，并能够重新设计适合该餐厅的最佳价格策略，以提高该餐厅的餐饮营销水平。
2. 一个餐饮产品销售代表和一个潜在消费者进行价格谈判，期望达成一个有利的结果。通过实际调查，探索该销售代表在谈判中应根据哪些信息与消费者进行谈判。
3. 学生分组，分别到学校周围的4~6家不同位置、不同类型的餐厅对10种相同的餐饮产品的价格进行调查，并进行比较分析。

组织与实施评价

1. 以项目团队为学习小组，选出项目负责人。
2. 建立沟通协调机制，团队成员协作完成任务。
3. 各项目团队根据资料进行分析讨论。
4. 评价与总结：各项目团队提交实训报告，指导老师根据报告进行评估。

复习思考题

一、填空题

1. 餐饮产品的____________是餐饮产品价格构成中的基本因素。
2. 理解价值定价法属于____________导向定价法。
3. 餐饮新产品定价适用的策略有______________、______________、______________和____________。
4. 餐饮企业常用的折扣定价策略有__________和__________。
5. __________是基于损益平衡原理的一种保本定价方法。

二、单项选择题

1. 下列选项中不属于影响餐饮产品定价外部因素的是________。

A. 消费需求　　B. 餐饮产品生命周期和竞争状态

C. 政府的宏观管理　　D. 本地区人口数量

2. 餐饮产品的价格不包括________。

A. 成本　　B. 费用　　C. 营业外支出　　D. 利润

3. 下列选项中属于竞争导向定价法的有________。

A. 率先定价法　　B. 因素定价法　　C. 成本定价法　　D. 价值定价法

4. 餐饮产品定价的方法不包括________。

A. 成本导向定价法　　B. 需求导向定价法

C. 竞争导向定价法　　D. 价值导向定价法

5. 下列选项中不属于成本导向定价法________。

A. 完全成本加成定价法　　B. 投标定价法

C. 实际成本定价法　　D. 收支平衡定价法

三、简答题

1. 什么是餐饮产品价格？餐饮产品价格有哪些特点？

2. 餐饮产品定价的影响因素有哪些？

3. 餐饮产品的定价目标主要有哪些？

4. 成本导向定价法主要包括哪些？

5. 餐饮产品价格的确定应该遵循哪些步骤？

第七章 餐饮营销渠道策略

学习目标

通过本章的学习，学生应了解餐饮营销渠道的概念、产生和发展过程，熟悉餐饮营销渠道模式，掌握餐饮企业营销渠道选择与评估，理解餐饮营销渠道冲突及调节方法；同时学生应能够运用本章理论知识，为餐饮企业选择正确的营销渠道模式，能够对餐饮企业营销渠道进行评估。

关键概念

餐饮营销渠道 直接营销渠道 间接营销渠道 长渠道 短渠道 宽渠道 窄渠道 单渠道 多渠道 垂直渠道 水平渠道

案例导入

奈雪的茶多渠道营销

奈雪的茶，新茶饮赛道开创者，创立于2015年，总部位于广东省深圳市，领创推出“茶饮+软欧包”双品类模式，以20~35岁年轻女性为主要目标消费者，坚持茶底4小时一换，软欧包不过夜。

随着社会的发展和互联网的普及，人们的消费观念和消费方式发生了巨大的改变。奈雪的茶从创办之初就采取大店模式，强调社交导向，试图打造成消费者在公司、家庭之外的“第三空间”。奈雪的茶的出现，打破了对过去茶饮市场局限于低中端品牌的固有认知，通过提供优质食材现制的创意茶饮，选址城市高端商业中心核心位置，以及提供具有高端设计感的体验空间，奈雪的茶走出了一条高端现制茶饮的发展路线。这既是品牌创新的成功，也是茶饮品牌高端化的成功。互联网的普及使人们不再只满足于实体店消费，还可以享受送货上门服务。根据2022年3月奈雪的茶披露的年报数据显示，2021年奈雪的茶线上订单收入占比达71.8%。

随着新一轮消费升级的到来，跨界融合成为常态化手段之一。跨界营销不仅可以实现资源整合，还能助力品牌收获好感，更可以使传播效果做到最大化。2019年儿童节当天，奈雪的茶与中国旺旺控股有限公司联手推出新品——旺仔宝藏茶和旺仔QQ芝士杯；9月，奈雪的茶跨界人民日报携手“报款”红石榴惊艳亮相，联名打造了“有为青年看报喝茶”快闪店；10月，奈雪的茶再次主动出击，携手李宁有限公司，从一众营销大军中脱颖而出……奈雪的茶通过跨界合作，在保证了品牌活力的同时，赋予了品牌不同的属性，拓宽了品牌边界，提高了品牌附加值。

2019年7月2日，奈雪的茶入选“中国茶饮十大品牌”。2021年6月30日，奈雪的茶正式在港交所挂牌上市，总市值323亿港元。截至2023年2月，奈雪的茶门店数量超过1000家，覆盖全国80多个主要城市，所有门店都是直营店，不接受加盟。奈雪的茶通过产品创新、零售创新、数字化建设等方式，为消费者打造全新的茶饮生活方式，不断引领行业发展。

（资料来源：白璐，奈雪的茶跨界营销策略研究，有改动。）

案例分析

餐饮产品从餐饮生产企业到消费者的过程，是通过一定的渠道实现的，即在“特定的时间”“特定的地点”，以“特定的方式”提供给“特定的消费者”。

市场环境不断变化，渠道渗透不断细化，餐饮企业要以消费需求为中心，结合自身特点，评估现有渠道的优劣势，对已有渠道进行整改，并尝试和探索新渠道。餐饮企业要根据不同的市场类型和消费需求，及时进行渠道模式的创新和变革，防止新渠道尚未完全成熟，旧渠道已经瘫痪。这样餐饮企业才能在竞争中脱颖而出。

知识准备

第一节 餐饮营销渠道概述

一、餐饮营销渠道的概念

餐饮营销渠道又被称为餐饮分销渠道，它是餐饮产品从餐饮生产企业向消费者转移过程中所经过的一切取得使用权或协助使用权转移的中介组织和个人，也就是餐饮产品使用权转移过程中所经过的各个环节连接起来而形成的通道，具体包括以下几个方面。

（一）从餐饮产品营销渠道的机构来看

餐饮营销渠道是指餐饮产品从餐饮企业到消费者所经过的一切组织机构，只有这些机构的相互配合，产品才能从生产者转移到消费者。

（二）从餐饮产品营销渠道的功能上来看

餐饮营销渠道是指餐饮产品及其使用权从餐饮企业转移到消费者的所有活动。

（三）从餐饮产品在营销渠道的转移过程来看

餐饮营销渠道是指餐饮产品由餐饮企业到消费者所经过的途径。

在商品经济中，餐饮产品和服务必须通过交换，发生价值转移的运动，形成商流。伴随商流，餐饮产品和服务从餐饮生产者到达消费者手中的路径，便是营销渠道或分配途径。

二、餐饮营销渠道的产生及其发展

在餐饮市场不断发展并逐渐成熟的条件下，大多数餐饮产品并不是由餐饮生产企业直接供应给消费者，而是要经过中介组织，即中间商，将餐饮产品提供给消费者。中间商是社会分工和商品经济发展的产物，在餐饮营销活动中有着必然性。

餐饮产品的生产和消费之间在数量、品种、时间、地点等方面存在一定矛盾，这些矛盾的解决需要中间商发挥生产与消费“联结人”的作用。对于餐饮产品的生产企业来说，中间商是专门化的市场营销组织，市场接触面广、信息来源多、熟悉消费者并可实行规模化经营，因而生产企业借助中间商，可使自己的产品打入广阔的市场，节约资金占用，提高营销效率和投资效益率。

中间商存在的必要性如图7–1所示。

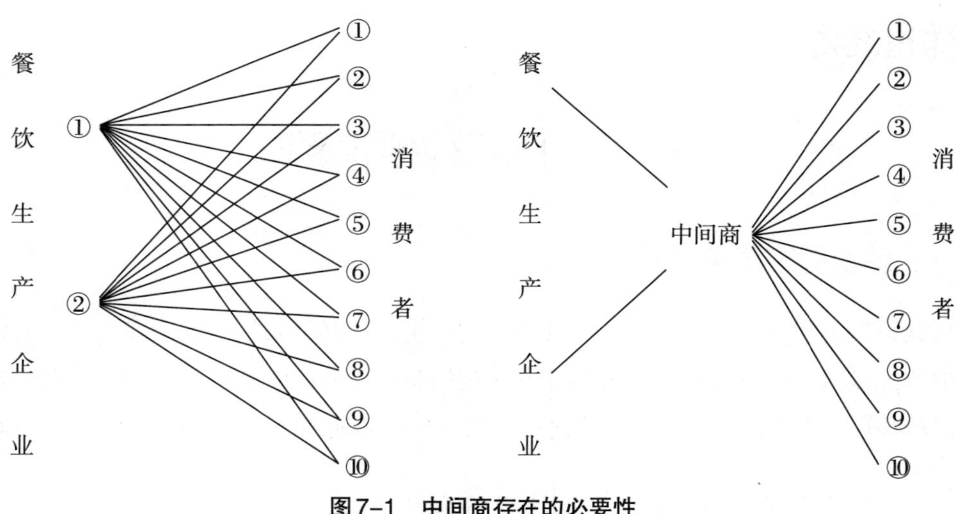

图7–1 中间商存在的必要性

从图7–1中可以看出，假定有2个餐饮生产企业和10个消费者，若没有中间商，餐饮生产企业和消费者之间要进行20次产品的购销交易活动，而一旦有了中间商，则只要进行12次交易即可达到预期的营销目的。

总之，中间商是餐饮活动更加社会化和消费者市场不断扩大的产物。餐饮营销渠道将随着经济的发展和餐饮产业的壮大，更趋多样化、复杂化。

三、餐饮营销渠道的功能

（一）传递、收集信息作用

营销渠道有助于收集制订计划和进行营销所必需的信息中间商作为餐饮生产企业与消费者之间的桥梁，能够向餐饮生产企业和消费者提供市场和产品服务等双方感兴趣的信息，促进餐饮生产企业和消费者之间的沟通和了解。

（二）促销作用

营销渠道有助于进行关于餐饮产品和服务的说服性沟通，因此餐饮生产企业应当为中间商的促销提供相应的材料，如宣传手册等。

（三）接洽作用

营销渠道有助于寻找可能的消费者并与其进行沟通。

（四）匹配作用

营销渠道可以使餐饮企业的产品和服务符合消费需求。

（五）购买作用

作为营销渠道环节之一的中间商在获得消费者的预订要求后，会向餐饮生产企业预订产品。在餐饮产品紧缺的地方，以及营业旺季，中间商为了保证能够获得预订的产品，会采取先向餐饮企业预订批量产品，再组织客源的做法。

（六）融资作用

中间商可以筹集用于向餐饮生产企业预订产品的资金以及向消费者提供信贷等所需的财务资金。

（七）风险承担

营销渠道的中间商对于代理营销过程中可能造成的损失具有承担风险的责任。

第二节　餐饮营销渠道模式

餐饮企业的主要营销渠道类型有直接营销渠道和间接营销渠道、短渠道和长渠道、窄渠道和宽渠道、单渠道和多渠道。

一、直接营销渠道

直接营销渠道是指餐饮生产企业将产品和服务直接供应给消费者，没有中间商介入。直接营销渠道的形式是：餐饮企业—消费者。

（一）直接营销渠道的方式

1. 预订营销

预订营销是指餐饮企业通过互联网、电话、传真或接受客人上门等方式，将产品和服务营销给消费者。

2. 自开营销网点

餐饮企业通常将营销网点设立在消费者较集中的地方或商业区，通过自开营销网点将产品和服务营销给消费者。

（二）直接营销渠道的优缺点

1. 优点

直接营销渠道有利于餐饮企业、消费者双方沟通信息，更好地满足目标消费者的需求；有利于维持餐饮企业和消费者在营销上相对稳定；有利于餐饮企业在营销过程中直接进行促销。

2. 缺点

餐饮企业若凭自己的力量去广设营销网点，往往力不从心，甚至事与愿违，很难使产品在短期内广泛分销，也很难迅速占领或巩固市场。

中间商在营销方面比餐饮企业的经验丰富，也更了解消费者的需求和购买习性，在商业流转中起着不可缺少的桥梁作用。而餐饮企业自销产品，势必需要自己去进行市场调查，包揽中间商所承担的人、财、物等费用，这会加重餐饮企业的工作负荷，分散餐饮企业的精力。

当餐饮企业仅以直接营销渠道营销其产品，致使目标消费者的需求得不到及时满足时，竞争者可能会趁机进入并夺走目标市场。

二、间接营销渠道

间接营销渠道是指餐饮企业通过中间商将产品供应给消费者的渠道。

（一）间接营销渠道的典型形式

间接营销渠道的典型形式为：餐饮企业—批发商—零售商—消费者。

（二）间接营销渠道的优缺点

1.间接营销渠道的优点

（1）有助于产品广泛分销。

中间商处在餐饮企业与消费者之间，能够调节餐饮企业与消费者在品种、数量、时间与空间等方面的矛盾，既有利于满足消费者的需求，也有利于餐饮产品价值的实现，更能使产品广泛地分销，使餐饮企业巩固已有的目标市场，扩大新的市场。

（2）缓解餐饮企业人、财、物等方面的不足。

中间商购买餐饮产品并交付了款项，使餐饮企业提前实现了产品的价值，并开始新的资金循环和生产过程。此外，中间商还承担着营销过程中一定的人力和物力的支出，能够弥补餐饮企业在营销中人力、物力不足的问题。

（3）间接促销。

消费者往往是货比数家后才购买产品，而一位中间商通常经销众多的餐饮产品，会对同类产品进行不同的介绍和宣传，这对产品的营销影响甚大。此外，实力较强的中间商还能支付一定的宣传费用，具有一定的售后服务能力。所以，餐饮企业若能与中间商达成良好协作，就可以促进产品的营销，并从中间商那里及时获取市场信息。

（4）有利于餐饮企业的专业化协作。

现代生产的日益科技化，使专业化分工日益精细。中间商是专业化协作发展的产物，有了中间商的协作，餐饮企业可以从琐碎的营销业务中解脱出来，集中力量进行生产，提高生产经营的效率。

2.间接营销渠道的缺点

（1）形成“需求滞后差”。

中间商购买产品，并不意味着产品就从中间商手中营销出去了，有可能营销受阻。对于餐饮企业而言，一旦其多数中间商的营销受阻，就形成了“需求滞后差”，即需求在时间或空间上滞后于供给。

（2）加重消费者的负担。

中间环节的增多会增加消费者的负担。此外，如果中间商服务工作欠佳，可能导致消费者对商品产生抵触情绪，甚至引起购买的转移。

（3）不便于直接沟通信息。

如果与中间商协作不好，餐饮企业就难以从中间商的营销中了解和掌握消费者对产品的意见、竞品的情况、餐饮企业与竞争者的优势和劣势、目标市场状况的变化趋势等。

三、短渠道和长渠道

餐饮营销渠道的长度是指餐饮产品从生产者脱手开始到消费者购买为止，所经过的中间机构的层次数，产品在营销渠道中经过的中间机构层次数越多，营销渠道就越长；反之就越短。可根据介入营销渠道的中间机构层次的多少，将营销渠道划分为短渠道和长渠道。

（一）零级渠道

零级渠道指餐饮产品从餐饮企业直接到消费者手中：餐饮企业—消费者。

（二）一级渠道

一级渠道是指餐饮产品从餐饮企业通过零售商传递到消费者手中：餐饮企业—零售商—消费者。

（三）二级渠道

二级渠道是指餐饮产品由餐饮企业传递到批发商再到传递零售商最后传递到消费者手中：餐饮企业—批发商—零售商—消费者，或者餐饮产品由餐饮企业传递到代理商再传递到零售商最后传递到消费者手中：餐饮企业—代理商—零售商—消费者。

（四）三级渠道

三级渠道是指餐饮产品从餐饮企业传递到代理商再传递到批发商再传递到零售商最后传递到消费者手中：餐饮企业—代理商—批发商—零售商—消费者。

可见，零级渠道最短，三级渠道最长。营销渠道短，餐饮企业承担的营销任务就多，但是信息传递快，营销及时，能较为有力地控制营销渠道（如控制价格、提供服务、进行宣传等）；营销渠道长，批发商、零售商就要完成部分营销职能，信息传递慢，流通时间长，餐饮企业对营销渠道的控制就较为困难。

四、窄渠道和宽渠道

餐饮营销渠道的宽度，一般是指一个时期内营销网点的多少、网点分配的合理程度以及营销量的多少。这主要取决于餐饮企业希望自己的餐饮产品在目标市场上扩散范围的大小，也就是希望占据多少市场供应点以及什么样的供应点。通常所说的要多设营销网点，就是指加宽餐饮营销渠道。

窄渠道就是使用的同类中间商较少，餐饮产品在市场上的营销面较窄的餐饮营销渠道。窄渠道对餐饮生产企业而言，比较容易控制，但市场营销就会受限制，因此窄渠道一般只适用于专业性强的或费用较高的餐饮产品的营销。

宽渠道是指使用的同类中间商较多，餐饮产品在市场上的营销面较广的餐饮营销渠道。一般化、大众化的餐饮产品主要是通过宽渠道进行营销的，即通过多家餐饮批发商或代理商批发给更多的零售商去进行营销，从而大量地接触消费者，营销餐饮产品。

五、单渠道和多渠道

根据餐饮企业所采用的渠道类型的多少，餐饮营销渠道又可分为单渠道和多渠道。有些餐饮企业采用的渠道类型比较单一，如所有产品全部由自己直接营销，这被称为单渠道。有的餐饮企业则根据不同层次或地区消费者的不同情况而采用不同的营销渠道，如在本地区采用直接营销，对外地采用间接营销渠道，或同时采用长渠道和短渠道，这就称为多渠道。有时把采用的多渠道的营销系统又被称为双重营销系统。

小案例：
中国餐饮连锁的“隐形冠军”华莱士

一般情况下，餐饮企业生产规模较小或经营能力较强，可采用单渠道营销餐饮产品，反之，则可采用多渠道，以便扩大产品的覆盖面，灵活地营销餐饮产品。

第三节　餐饮企业营销渠道选择与评估

餐饮企业要经过较长时间才可能形成和完善餐饮产品营销渠道，一方面是餐饮企业的经营目标发生变化、产品结构重新调整、目标市场不断扩展、营销力量成熟壮大等需要一定的时间，另一方面在于餐饮企业与中间商的合作关系要通过长期的检验和磨合，才能相对固定下来，形成利益紧密、思想观念统一、友谊深厚的市场营销整体。因此，餐饮产品营销渠道在渠道形式、管理、调整等方面的决策及其策略运用甚为重要。

一、良好的餐饮产品营销渠道的特征

（一）连续性明显

餐饮企业所选择的营销渠道应能保证其产品连续不断地从生产领域、流通领域转移

至消费领域，尽可能不发生脱节、阻塞和不必要的停滞现象。这客观上要求餐饮企业在选择和营造自己的营销渠道时，注意所选的渠道是否环环紧扣，是否与消费者联系紧密。

若餐饮产品营销渠道的连续性差，餐饮产品在营销渠道的某个中间商处停滞，不仅中间商会产生损失，而且由于餐饮产品不能迅速抵达目标市场中的消费者，必然会使餐饮企业错失良机，不能及时满足市场需求，使其市场竞争优势下降。因而，连续性明显是良好的餐饮产品营销渠道的首要特征。

（二）辐射性突出

营销渠道的辐射性直接影响着餐饮企业产品的市场覆盖面和渗透程度。餐饮企业的营销渠道实际上是以企业为起始点向中间商进行辐射，然后再以各中间商为起始点进一步向外辐射而形成的多层网络。

餐饮营销渠道的网络越复杂，餐饮企业产品的市场覆盖面就越广，市场渗透力也就越强，进而餐饮企业的市场营销机会增多，餐饮企业面对的市场风险相应下降。当然，在实践中，由于餐饮企业的性质不同、规模不一、营销目标不同，即便是同一种餐饮产品，对市场的覆盖面也不可能完全一样。

（三）配套性全面

餐饮产品的营销活动，不仅是物质产品的转移过程，也是相关信息等的流动过程，因而餐饮营销渠道若能兼有营销活动所需要的各种配套功能，就能更有效地保证餐饮企业顺利地完成产品由生产领域、流通领域向消费领域转移的过程。餐饮企业所选择的中间商，除具有买卖交易的能力外，最好还具有促销、运输、开发市场等配套功能。这样，在交易活动中，中间商不仅能保证实体性的餐饮产品顺利地进行流转，而且能有效地促使餐饮产品在目标市场中的营销效果，更有针对性地满足多种消费者的需求。

（四）经济效益理想

餐饮企业所选择、确定的营销渠道应以尽可能少的耗费获得较高的收益，实现理想的经济效益。这种具有良好经济效益状态的餐饮营销渠道能使餐饮产品的流通、营销费用降低。这些费用包括交易成本等。

交易成本的降低主要取决于交易环节的减少和交易成功率的提高，因为交易环节的减少可使餐饮产品流通的流转费用减少，而交易成功率的提高则可使无效的营销费用降低。这就要求餐饮企业在选择营销渠道时要尽可能减少不必要的中间环节，同时要谨慎地选择合适的中间商作为交易对象。

降低资金成本的作用主要在于加快企业资金的周转次数，提高资金的周转效率。总之，对餐饮产品营销渠道经济效益的评估、测量不能只强调某一方面的优势，而应追求餐饮营销渠道综合效益的最优化。

二、影响餐饮营销渠道选择的因素

影响营销渠道的因素很多。餐饮企业在选择营销渠道时，要对下列因素进行系统的分析和判断，以便做出合理的选择。

（一）产品因素

1. 产品价格

一般来说，餐饮产品单价越高，越应注意减少流通环节，否则会造成营销价格的提高，这对餐饮企业和消费者都不利。而单价较低的产品，则通常采用多环节的间接营销渠道。

2. 产品的性质

由于餐饮企业既生产有形的实物产品，又生产无形的服务产品，因此餐饮企业应尽量使用不同的营销渠道来营销其产品。

3. 新产品

为尽快把新产品投入市场，扩大销路，餐饮企业一般会组织自己的营销队伍，直接与消费者见面，推荐新产品并收集消费者意见。如能取得中间商的支持，也可考虑采用间接营销形式。

（二）市场因素

1. 购买批量大小

购买批量大，多采用直接营销渠道；购买批量小，除通过自设营销网点外，多采用间接营销渠道。

2. 消费者的分布

如果消费者的分布比较集中，适合采用直接营销渠道；反之，适合采用间接营销渠道。

3. 潜在消费者的数量

若潜在消费者的数量多，市场范围大，需要中间商提供服务来满足消费者的需求，宜选择间接营销渠道；若潜在消费者数量少，市场范围小，餐饮企业可选择直接营销渠道。

4. 消费者的购买习惯

消费者的购买习惯存在差异。餐饮企业应该根据目标消费者的购买习惯选择营销渠道。

（三）餐饮企业本身的因素

1.资金能力

如果餐饮企业本身资金雄厚，则可自由选择营销渠道，可建立自己的营销网点，采用产销合一的经营方式，也可选择间接营销渠道。如果餐饮企业资金薄弱，则可选择间接营销渠道，依赖中间商进行营销等。

2.营销能力

如果餐饮企业在营销力量和营销经验等方面具备较好的条件，则应选择直接营销渠道；反之，则可借助中间商，选择间接营销渠道。另外，餐饮企业如果能和中间商进行良好的合作，或对中间商能进行有效的监督，则可选择间接营销渠道。若中间商不能很好地与餐饮企业合作，将影响产品的市场开拓和经济效益，则不如选择直接营销渠道。

小知识

马太效应

马太效应是1968年美国科学史研究者罗伯特·莫顿提出的一种社会心理现象，表示强者愈强，弱者愈弱的情况。

疫情三年，马太效应在餐饮企业已经渐渐形成，且有愈演愈烈之势。餐饮业是典型的消费类行业，需要大量的人流作为消费者。疫情期间，餐饮企业停止营业，使收入几乎断绝。企查查数据显示，2022年还没结束时，我国已有49.5万家餐饮企业倒闭。消费者熟知的一些小品牌餐饮企业如小炳胜、榕记、许留山等在疫情期间相继倒闭，而大品牌餐饮企业如海底捞、华莱士、蜜雪冰城等熬过了餐饮业的黑暗时刻，迎来了餐饮业的春天。

虽然目前餐饮市场上还没有形成超级巨头，但已成规模的餐饮品牌，都有着小品牌无法比拟的优势——成熟的运营体系、标准化的管理机制、资本优势、房租议价、营销资源和品牌获客优势、人才吸附能力等。这也是大品牌餐企业能够熬过来的重要原因。

（资料来源：牛治安，疫情对餐饮业的影响及发展对策，有改动。）

3.可能提供的服务水平

中间商通常希望餐饮企业尽可能多地提供广告、展览、培训等项目，为营销产品创造条件。若餐饮企业无意或无力满足这方面的要求，会对双方的合作造成阻碍，这将迫使餐饮企业选择直接营销渠道。反之，若餐饮企业提供的资料多、服务水平高，中间商则乐于营销该产品，餐饮企业则可选择间接营销渠道。

（四）经济效益

经济效益也是影响餐饮企业选择营销渠道的一个重要因素。对于经济效益的分析，主要考虑的是成本、利润和营销量。

1.营销费用

营销费用是指产品在营销过程中产生的费用，它包括包装费、运输费、广告宣传费、陈列展览费、营销机构经费、代销网点和代销人员手续费、产品营销后的服务支出等。一般情况下，减少流通环节可降低营销费用，但减少流通环节的程度要综合考虑，做到既节约营销费用，又有利于餐饮产品的营销。

2.价格分析

价格分析包括两种情形。一种是在价格相同的条件下，进行经济效益的比较。目前，许多餐饮企业以同一价格将产品营销给中间商和消费者，若直接营销的销量等于或小于间接营销的销量，间接营销的经济收益高，对企业有利，因为餐饮企业直接营销时要多占用资金；若直接营销的销量大于间接营销的销量，而且所增加的营销利润大于所增加的营销费用，则直接营销对企业有利。

另一种是当价格不同时进行经济效益的比较。此时主要考虑营销量的影响，若营销量相等，直接营销多采用零售价格，零售价格高，但餐饮企业支付的营销费用也多。间接营销价格低，但餐饮企业支付的营销费用也少。

究竟选择什么样的营销渠道？可以通过计算两种营销渠道的盈亏临界点作为选择的依据。当营销量大于盈亏临界点的数量时，选择直接营销渠道；反之，则选择间接营销渠道。在营销量不同时，则要分别计算直接营销渠道和间接营销渠道的利润并进行比较，一般选择获利较多的营销渠道。

三、餐饮营销渠道管理的原则

餐饮营销渠道管理人员在管理具体的营销渠道时，无论出于何种考虑，从何处着手，一般要遵循以下原则。

（一）畅通高效的原则

这是餐饮营销渠道管理的首要原则。任何正确的营销渠道都应符合物畅其流、经济高效的要求。餐饮产品的流通时间、流通速度、流通费用是衡量营销效率的重要因素。

畅通高效的营销渠道应以消费需求为导向，将产品尽快、尽好地通过尽可能短的路线，以尽可能优惠的价格送达消费者。畅通高效的营销渠道模式，可以让消费者在适当的地点、时间以合理的价格买到满意的餐饮产品。同时，餐饮企业应努力提高餐饮产品的营销效率，争取降低营销费用，以尽可能低的营销成本获得尽可能大的经济效益，赢得竞争的时间和价格优势。

（二）覆盖适度的原则

餐饮企业在管理营销渠道时，仅仅考虑加快速度、降低费用是不够的，还应考虑餐饮企业是否有较高的市场占有率。因此，不能一味强调降低营销成本，这样可能导致营销效果下降，市场覆盖率不足。成本的降低应是规模效应和速度效应的结果。在营销渠道的选择中，也应避免扩张过度、分布范围过宽过广的情况，以免造成沟通和服务上的困难，导致目标市场较难控制和管理。

（三）稳定可控的原则

餐饮的营销渠道模式一经确定，便需花费相当大的人力、物力、财力去维护和巩固，整个过程往往是复杂而缓慢的。所以，餐饮企业一般不会轻易更换渠道成员，更不会随意转换渠道模式。餐饮企业要保持营销渠道的相对稳定，从而进一步提高营销渠道的效益。

影响营销渠道的各个因素是不断变化的，这就需要营销渠道具有一定的调整功能，以适应市场的新情况、新变化。人为调整营销渠道时应综合考虑各个因素，使营销渠道始终都在可控制的范围内保持基本的稳定状态。

（四）协调平衡的原则

餐饮企业在选择、管理营销渠道时，不能只追求自身的效益最大化而忽略渠道成员的利益。餐饮企业需对渠道成员之间的合作、冲突、竞争等有一定的控制能力，要能统一、协调、有效地引导渠道成员充分合作，鼓励渠道成员之间有益的竞争，减少冲突发生的可能性，确保总体目标的实现。

（五）发挥优势的原则

餐饮企业在管理营销渠道时，为了争取在竞争中的优势地位，要注意发挥自己各个方面的优势，将营销渠道的设计与企业的产品策略、价格策略等结合起来，增强营销组合的整体优势。

四、餐饮营销渠道调整

餐饮企业在确定渠道后，必须对中间商加以选择和评估，并根据现实条件的变化及时对营销渠道进行调整。

（一）控制出发点

餐饮企业应站在中间商的立场，综观全局。通常餐饮企业会抱怨中间商不重视某些特定品牌的营销、缺乏产品知识、不认真使用餐饮企业的广告资料、不能准确地保存营销记录等，而中间商则通常会认为自己不是餐饮企业营销环节中的一环，而是独立机构，可以自定政策不受他人干涉。也就是说，中间商通常认为自己首先是消费者购买代理商，然后才是餐饮营销代理商。有时餐饮企业若不能给中间商特别奖励，有的中间商则不会保存营销记录。所以，餐饮企业要考虑中间商的利益，通过协调进行有效控制。

（二）激励渠道成员

餐饮企业在选择、确定了中间商之后，为了更好地实现营销目标，促使中间商与自己合作，还需要采取各种措施不断激励中间商，以此来调动中间商营销餐饮产品的积极性，并通过这种方式与中间商建立一种良好关系。

激励措施主要有：研究营销过程中不同中间商的需求、动机与行为；采取措施调动中间商的积极性；解决中间商之间的各种矛盾等。激励中间商的方法很多，不同餐饮企业所采用的方法也不同，就是同一个餐饮企业，在不同地区或营销不同产品时所采用的激励方法可能也不同。

从总体上说，激励方式的选择要具有针对性。依据餐饮企业营销产品的不同和餐饮中间商的不同，激励方式也应有所不同。任何一家餐饮企业在选用激励方式之前，都要分析激励对象的需求，然后设法满足这些需求。如果不分析激励对象的需求，随便采取一种激励手段，其效果可能不会很好，有时甚至起负面作用。餐饮企业还要确定好合理的激励水平，因为激励可能带来营销量的增加，但也需要花费餐饮企业的人力、财力。

此外，在进行激励时，要注意采用多元化手段，因为中间商与餐饮企业如果仅仅只有利益关系，在市场不稳定如出现利润下降甚至没有利润时，两者的合作就可能失败。例如，有的餐饮企业在自身发展的同时扶持起一大批一流中间商，与中间商的合作从提供产品到提供管理、培训人员，领域不断扩大，接触面不断扩大，餐饮企业对中间商的影响也随之扩大。

（三）调整渠道成员

在营销渠道管理中，随着市场变化和餐饮企业营销目标的改变等，餐饮企业的营销渠道也要进行调整。调整的方式主要有三种。

1.增减营销渠道中的中间商

经过考核，对于营销不积极或经营管理不善、难以合作的中间商，餐饮企业在必要时可以与其中断合作关系。餐饮企业为了开拓新市场，需要寻找新的餐饮中间商时，须经过调查分析和洽谈协商，在中间商符合餐饮企业的要求和中间商愿意合作的基础上，才可以选定其作为餐饮企业在该地区的经销商或代理商。

2.增减部分营销渠道

当某种营销渠道的营销额一直不理想时，餐饮企业可以考虑在全部目标市场或某个区域内撤掉这种营销渠道。餐饮企业应为满足消费者的需求变化而开发新产品，如果利用原有营销渠道难以迅速打开销路和提高竞争力，则可增加新的营销渠道，以实现餐饮企业的营销目标。

3.调整整个营销渠道

由于市场情况变化太大，餐饮企业对原有营销渠道进行部分调整已难以适应餐饮企业的要求和市场情况的变化，则必须对餐饮企业的营销渠道进行全面的调整。对整个营销渠道进行调整难度较大，且可能带来较大风险，餐饮企业要进行认真细致的调查研究，充分考虑各种因素后，再做出决策。

第四节　餐饮营销渠道冲突及调节

餐饮企业为了更有效地了解目标市场，为其提供服务，满足其需求，建立了包括批发商和零售商在内的各种渠道，并希望通过渠道合作产生的整体利润高于各自为战的利润。但竞争是永远存在的，各个独立的业务实体有不同的利益需求，一切竞争都围绕利益而开展。由于各中间商之间存在利益竞争，因此不管渠道设计如何精良，管理如何优秀，或多或少会存在一些冲突。餐饮企业的目的在于减少无谓的冲突，把竞争控制在良性范围内，引导渠道成员更好地开拓市场。

一、冲突的类型

在餐饮企业营销渠道中，具有不同类型的中间商，各种类型的中间商可与不同的餐饮企业和消费者构成不同的营销渠道。而在餐饮企业、中间商、消费者的结合中，由于关系的不同，可形成垂直渠道、水平渠道和多渠道三种营销渠道。由于这三种营销渠道中不同层级以及同一层级的不同主体之间存在利益矛盾，因此产生了垂直渠道、水平渠道、多渠道的冲突。

（一）垂直渠道的冲突

垂直渠道的冲突是指同一渠道中不同层级之间的利益冲突，这类冲突比较常见。如一个餐饮企业采用餐饮企业—批发商—零售商—消费者的营销渠道，在餐饮产品上市时，批发商占主导地位，可以对消费者降低产品批发价格，对零售商提高产品批发价格，这样就导致了垂直渠道的冲突。

（二）水平渠道的冲突

水平渠道的冲突是指存在于同一层级的不同主体之间的冲突。例如，餐饮企业的各个零售商由于区域划分的不清晰、价格的不统一，而导致恶意竞争，形成水平渠道的冲突。

（三）多渠道的冲突

多渠道的冲突是餐饮企业建立两个或多个渠道，并且采用这些渠道在同一市场营销产品时产生的。如餐饮企业可以通过直接营销渠道向消费者营销产品，也可以通过中间商营销产品，不同渠道的目标、利益不同，便会产生渠道间的冲突，即所谓的多渠道冲突。当一个渠道的成员无故降低产品价格时，多渠道冲突会变得特别强烈。

小案例：
可口可乐在中国的营销渠道体系

二、冲突产生的原因

营销渠道冲突产生的原因是各独立实体的目标不一致、职权划分不清晰以及存在认知差异。

（一）目标不一致

例如，餐饮企业想要通过低价迅速扩大市场，而中间商的目标是赚取更多的利润。由于目标的不一致，他们会采取不同的营销方式，这就容易产生冲突。

（二）职权划分不清晰

餐饮企业往往采用多种渠道营销产品，不同渠道成员的任务与边界划分不清，造成经营的混乱，以及同一地区的不同层级和不同渠道间也可能存在冲突。

（三）认知差异

不同渠道成员因个人偏好、生活阅历、家庭背景以及经济实力的不同，对行业前景等有不同的看法，从而引起他们的认知差异，导致思维方式和行为的冲突。

三、冲突的解决方法

一定的渠道冲突能产生一定的积极作用，为餐饮企业适应市场变化提供更多动力，防止渠道僵化。但是，冲突过多或过激则有碍于渠道整体利益的最大化，甚至会对渠道产生破坏性的作用。餐饮企业要采取适当的措施，有效地管理渠道冲突，将之控制在一定的限度之内。

（一）明确目标

渠道成员以某种方式签订一个以他们共同追求的目标为指导的协议，如追求市场份额的扩大、消费者的高度满意、提高产品和企业的知名度等，使他们彼此间息息相关、利益互动、风险共担，从而有效地协调他们的行动。

（二）慎重选择中间商

良好的营销素质和正确的市场观念，是减少冲突的“预防针”，能为中间商与餐饮企业之间建立共同目标打下基础。选择那些与自己的观念、目标基本一致的中间商，有利于沟通与合作。对他们适时加以培训，使他们了解餐饮企业的经营理念，这对以后进行有效管理、控制冲突很有好处。

（三）制定完善的营销政策

制定完善的营销政策是有效管理冲突的前提。中间商需要一套完整的政策来激励、制约，同时一套完整的政策也能维护中间商的正当利益。这要保证各种措施，尤其是关于中间商的区域划分与价格策略等方面的措施切实可行。

在区域划分方面，首先要分配合理，其次不许跨区域营销，如果遇到特殊情况，经多方协商许可后才可跨区域营销。对跨区域营销现象应严加监督，视情况给予不同的处罚，制止恶意竞争。

价格策略是协调冲突的有力手段，但有时也会带来一定的负面影响，所以要正确利用价格策略。餐饮企业可以为了促进营销，对不同等级的中间商实行不同的价格策略，并辅以数量折扣、季节折扣等，理顺价格机制，形成公平、公正的竞争格局。

（四）互换人员

餐饮企业的营销人员可到营销渠道中的某些营销机构工作，营销渠道的工作人员亦可到餐饮企业或其他营销渠道工作，通过人员互换，双方能更好地沟通交流，以便形成共识，减少知觉偏差和渠道冲突。

（五）协商、调解或仲裁解决

以上措施主要着眼于冲突的预防，当冲突发生时，餐饮企业要采取强有力的措施解决它，使冲突得到有效控制。解决冲突的方法主要有协商、调解和仲裁三种。协商是双方正面交涉，面对面磋商解决，以免冲突尖锐化。调解是指由第三方出面，根据双方的利益进行调解。仲裁是双方同意把纠纷交给具有公认地位的第三方，并由其进行评判并作出裁决。

学习任务

餐饮营销渠道选择和评估的步骤如图7–2所示。

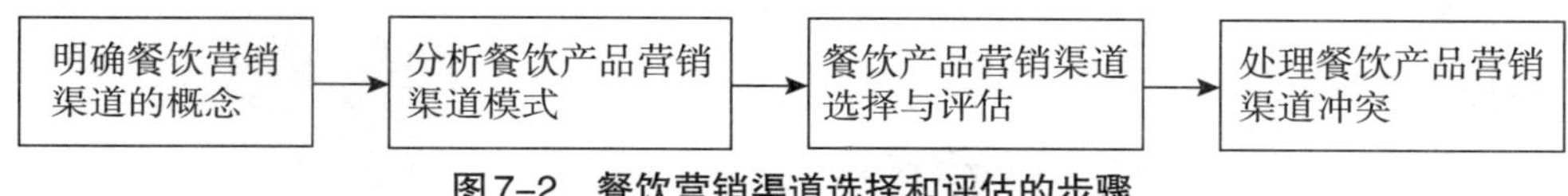

图7–2 餐饮营销渠道选择和评估的步骤

1.明确餐饮营销渠道的概念

餐饮营销渠道又被称为分销渠道，它是餐饮产品从餐饮生产企业向消费者转移过程中所经过的一切取得使用权或协助使用权转移的中介组织和个人，也就是餐饮产品使用权转移过程中所经过的各个环节连接起来而形成的通道。

2.分析餐饮产品营销渠道模式

在市场营销中，由于餐饮市场、餐饮企业、中间商以及消费者等多种因素的影响，餐饮产品营销渠道也就形成了多种多样的状态，即便是同一种餐饮产品，也可以通过不同的渠道进行营销。所以餐饮企业要分析餐饮营销渠道模式，通过各种可能的渠道营销其餐饮产品。

3.餐饮产品营销渠道选择与评估

餐饮产品营销渠道的选择和评估，要以餐饮企业的经营目的为出发点，以其营销目标为指导，既要保证餐饮产品及时到达消费者手中，保证营销渠道具有较高的效率，又要尽可能减少营销费用。

4.处理餐饮产品营销渠道冲突

餐饮企业建立了包括批发商和零售商在内的各种餐饮产品营销渠道，但竞争是永恒的话题。各个独立实体有着不同的利益需求，也就存在竞争，因此不管餐饮营销渠道设计如何精良，管理如何优秀，或多或少会存在冲突。餐饮企业的目的在于减少无谓的冲突，把竞争和冲突控制在良性范围内，引导渠道成员更好地开拓市场。

任务总结

营销渠道的工作是把餐饮产品从生产者那里转移到消费者手里，有效连接新产品、服务和使用者，是餐饮企业实现营销目标的工具，是餐饮企业的一种重要资源。

餐饮企业的主要营销渠道有直接营销渠道和间接营销渠道、短渠道和长渠道、窄渠道和宽渠道、单渠道和多渠道。

餐饮企业营销渠道形式的选择，要建立在对影响因素的系统分析、对市场的认真调研、对餐饮企业的经营目标和营销因素组合策略的综合分析的基础上，是确定营销目标后餐饮企业做出的一系列有利于餐饮产品销售的决策。

实训项目

目标

1. 培养学生认识餐饮营销渠道模式。
2. 培养学生在所学知识的基础上，能够对餐饮营销渠道进行选择与评估。

内容与要求

学生利用掌握的餐饮营销渠道的概念和模式，对自己所在城市某家餐饮企业的营销渠道进行评估，并处理餐饮营销渠道中的冲突或问题。

组织与实施评价

1. 以项目团队为学习小组，选出项目负责人。
2. 建立沟通协调机制，团队成员协作完成任务。
3. 各项目团队根据收集的资料进行分析和讨论。
4. 评价与总结：各项目团队提交实训报告，指导教师根据报告进行评估。

注：1. 实际得分 = 自我评价 40%+ 小组评价 60%。

2. 考评满分 100 分，60 分以下为不及格，60~74 分为及格，75~84 分为良好，85 分及以上为优秀。

复习思考题

一、填空题

1. 根据有无中间商参与交换活动，可以将餐饮营销渠道归纳为__________和__________。

2. 间接营销渠道的典型形式有__________、__________、__________和

____________参与。

3.调整渠道成员的方式有____________、____________、____________。

4.影响餐饮营销渠道选择的因素中，企业本身的因素包括____________、____________和____________。

5.一般情况下，餐饮企业生产规模较小或经营能力较强，可采用____________营销餐饮产品，反之，则可采用____________，以便扩大产品的覆盖面，灵活地营销餐饮产品。

二、单项选择题

1.直接营销渠道的方式有________。

A.预订营销　B.网络营销　C.中间商推销　D.代理人推销

2.影响餐饮营销渠道选择的因素中，市场因素不包括________。

A.消费者的购买习惯　B.购买批量大小

C.消费者的分布　D.中间商的数量

3.餐饮营销冲突的类型不包括________。

A.上下渠道的冲突　B.垂直渠道的冲突

C.水平渠道的冲突　D.多渠道的冲突

4.影响餐饮营销渠道选择的因素中，对于经济效益的分析，主要考虑的是________。

A.成本　B.汇率　C.市场规模　D.资金能力

5.餐饮营销渠道的宽度不包括________。

A.一个时期内营销网点的多少　B.渠道类型的多少

C.网点分配的合理程度　D.营销量的多少

三、简答题

1.餐饮营销渠道的功能有哪些?

2.间接营销渠道的优缺点是什么?

3.良好的餐饮营销渠道的特征是什么?

4.餐饮营销渠道管理的原则有哪些?

5.餐饮营销渠道冲突的解决方法是什么?

第八章　餐饮促销策略

学习目标

本章为《餐饮营销》的核心章节。通过本章的学习，学生应了解餐饮促销的含义，并会运用餐饮人员促销、餐饮广告、餐饮营业推广和公共关系这四种餐饮促销方式；理解影响餐饮促销组合的因素；掌握CIS概念和构成要素，能够熟练地为餐饮企业导入CIS，掌握CIS在餐饮企业中的应用；了解餐饮品牌营销的含义和意义，掌握餐饮品牌营销策略。

关键概念

餐饮促销　餐饮人员促销　餐饮广告　餐饮营业推广　公共关系　餐饮促销组合　CIS　品牌营销

案例导入

蜜雪冰城的促销突围

新式茶饮赛道上，话题度一直是各大品牌的突围之本。喜茶、奈雪早期靠排队与高价出圈，成功打造高端茶饮品牌的形象。茶颜悦色深耕长沙一地，靠饥饿营销成为许多人心中奶茶的白月光。谈到营销，这些头部的茶饮品牌，个个都有“两把刷子”。然而，低客单价的蜜雪冰城，虽然店面遍布二三四线城市，但比起动辄二三十元一杯的竞争者们，较难塑造出鲜明高端的品牌形象，在营销之路上一度处于劣势。直到这句简单的广告歌词“你爱我，我爱你，蜜雪冰城甜蜜蜜”成为刷屏全网的洗脑神曲，蜜雪冰城迅速从众多茶饮品牌中脱颖而出，凭借全国的万家门店和极具竞争力的价格，在喜茶、奈雪等品牌雄踞的赛道上，牢牢占住了下沉市场，成为奶茶爱好者们的新宠。

（资料来源：最贵营销大佬，捧黑蜜雪冰城，有改动。）

案例分析

餐饮行业竞争激烈、发展快。正如上文所展示的案例，蜜雪冰城在消费者的心中一直属于低端品牌，与同行业其他高端竞争者相比，其产品对消费者的吸引力并不明显。然而，蜜雪冰城通过有效的营销方式，迅速引起消费者对本企业的关注，激发消费者的购买欲望，弥补自身与同行业竞争者的差距，快速占领市场，使企业形象深入人心，使企业的销售额得到增加。

知识准备

第一节　餐饮促销组合

现代市场营销不仅要求餐饮企业开发适销对路的产品，还要求餐饮企业制定有吸引力的价格，加强促销活动，运用各种有效的促销策略，通过合适的渠道把产品推销出去。

市场竞争越激烈，餐饮企业就越是需要采取有力的促销策略促使消费者理解、接受其产品和服务。行之有效的促销手段能够促进产品销售，尤其是在需求较弱的时期，能够加快餐饮新产品和服务的引入，加速消费者接受餐饮企业的产品和服务的过程，使消费者更快地对产品和服务做出反应。促销不只限于对消费者，也可以用来激励员工和中间商。

一、餐饮促销的含义

餐饮促销是餐饮营销组合的重要组成部分，是指餐饮企业通过各种宣传方式，传播餐饮产品的有关信息，激发消费者的购买欲望。从市场营销学的观点来看，餐饮促销不是简单地向消费者推销商品，而是以满足消费者的需求为前提。所以餐饮促销的实质就是在餐饮企业和消费者之间沟通生产和消费的信息。因此，餐饮促销承担着两方面的任务：一是餐饮生产者要广泛地收集消费者的需求信息；二是餐饮企业要根据消费者的需求，为消费者提供合适的餐饮产品，以达到销售餐饮产品的目的。

二、餐饮促销的作用

餐饮促销的实质就是餐饮产品的供应者和消费者之间的信息沟通。餐饮促销主要有以下六种作用。

（一）提供餐饮产品信息

餐饮促销一方面为消费者提供更多的产品信息，另一方面也为中间商提供更多的产品情报。

（二）加速餐饮商品流通

餐饮产品的生产者通过向市场提供信息引起消费者的注意，刺激他们的购买欲望，使餐饮产品流通速度加快。

（三）增加消费需求

当某一种餐饮产品的销售量下降时，通过适当的促销活动，可以促使需求得到一定程度的恢复。

（四）突出企业产品特点

餐饮企业可以通过促销活动，宣传自己产品区别于竞品的特点，将自己产品特点的信息传递给消费者。

（五）稳定产品市场地位

餐饮企业可以通过促销活动，培养消费者对其产品的购买偏好，从而达到稳定本企业产品市场地位的目的。

（六）塑造企业品牌形象

通过促销活动传递信息，树立产品和企业在消费者心目中的品牌形象，提高企业的知名度，促使产品和企业成为消费者心目中的“名牌产品”和“明星企业”。

小资料

唐代长安城餐饮商家的促销方式

中国唐代长安商业的繁荣说明了唐代商品经济已经发展到了一定高度。这种繁荣部分得益于商人的经营行为。而促销，就是推动市场繁荣的一个重要手段。唐代商人已经开始运用大造声势的促销手段为自己吸引消费者。

韦应物在《酒肆行》中写道：“豪家沽酒长安陌，一旦起楼高百尺。碧疏玲珑含春风，银题彩帜邀上客。回瞻丹凤阙，直视乐游苑。四方称赏名已高，五陵车马无近远。晴景悠扬三月天，桃花飘俎柳垂筵。繁丝急管一时合，他垆邻肆何寂然。”阳春三月，长安的大街上又一家酒楼开张，为了吸引消费者，主人把楼修得高百尺，装饰得五彩缤纷，十分华丽。客人们在音乐的伴奏中享受丰盛的酒筵，一流的设施和优质的服务，把消费者们从别的酒筵中都招引过来了，这正是商家大造声势的促销典范。

（资料来源：王育科，唐长安城餐饮商家的花式促销，有改动。）

三、餐饮促销组合

餐饮促销分为餐饮人员促销、餐饮广告、餐饮营业推广和公共关系四种方式。餐饮促销组合是餐饮企业有目的、有计划地将餐饮人员促销、餐饮广告、餐饮营业推广、公共关系等促销方式结合起来，综合运用，以达到最好的促销效果为目的所形成的整体促销策略。

（一）餐饮人员促销

人员促销是销售人员通过直接与客户接触来推销产品的方式。在餐饮行业中，餐饮销售人员可以直接回答消费者提出的问题，面对面向消费者介绍餐厅的服务设施和菜品特色，以及价格标准。

1.餐饮人员促销的含义

人员促销是指销售人员在一定的营销环境中，运用各种销售技巧和手段，说服消费者接受企业的产品，从而扩大销售规模或增加销售量的活动。餐饮人员促销是餐饮销售人员通过面对面与客户洽谈业务，向消费者提供信息，吸引消费者购买餐厅产品和服务的过程，由餐饮销售人员、销售对象和餐饮产品三个基本要素构成。

2.餐饮人员促销的特点

餐饮人员促销是餐饮行业运用销售人员直接向消费者销售产品和服务的一种促销活动。因此餐饮人员促销具有支出较大、效率较低的缺点，但在信息传递双向性、促销目的双重性、促销过程灵活性以及长期协作性方面都优于其他的促销手段。这种促销主要有以下几个特点。

（1）具有很强的针对性。

因为销售人员可以直接接触消费者，所以有机会把产品和服务卖给有购买意向的消费者。

（2）具有很大的灵活性。

销售人员与消费者有着直接的联系，可以根据消费者的需求或动机，以及消费者的反应来调整自己的促销策略。

（3）具有公共关系作用。

销售人员利用自己留给客户的良好印象，可以加深消费者对餐饮产品和服务的印象。销售人员有机会纠正消费者对餐饮产品和服务的偏见，树立企业的良好形象。这样既可以巩固老客户，又可以开拓新市场。

3. 餐饮人员促销的基本形式

在餐饮促销活动中，参加餐饮产品和服务促销的工作人员不仅仅是餐饮销售人员，还包括许多其他工作人员，如服务员、厨师等。餐饮人员促销一般可以分为两种：专人促销和全员促销。

（1）专人促销。

餐饮行业设有专门的促销人员来进行餐饮产品的促销工作。专人促销员必须精通餐饮业务，了解市场行情，熟悉餐饮企业各餐饮设施、设备的运转情况。

（2）全员促销。

全员促销是指餐饮企业中每一个员工都要树立“服务即促销，促销即服务”的思想，把自己纳入销售环节当中。这是持续的和日常性的工作，而不是某个部门或某个阶段临时性的突击任务，要贯穿于餐饮经营活动始终。全员促销要求所有部门和人员树立全局观念，顾全大局，相互协作，为共同的销售目标而努力。

4. 餐饮人员促销过程

餐饮人员促销过程是销售人员在指定的市场开展促销业务的具体流程，如图 8–1 所示。

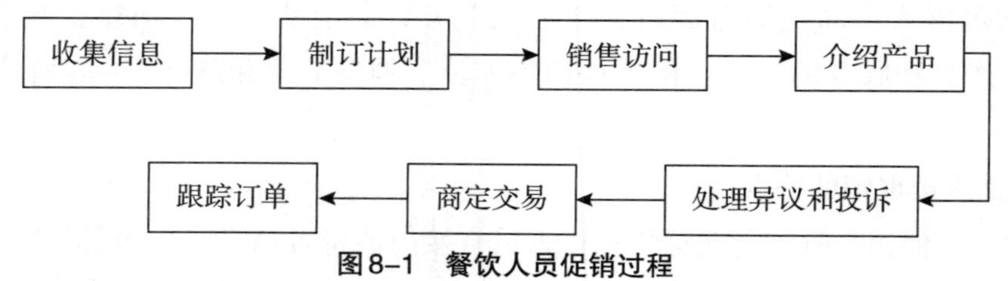

图 8–1　餐饮人员促销过程

（1）收集信息。

销售人员要建立各种资料信息簿，如用餐者档案；要注意当地市场变化，了解本市的各种活动开展情况，寻找促销的机会。特别是大型公司和机构的庆祝活动、开幕式、周年纪念、年度会议等信息，都是有利于组织促销活动的信息。

（2）制订计划。

销售人员在了解相关情况之后，应制订相应的促销计划，如确定本次访问的目的、要访问的对象，促销的方式和辅助工具（包括促销用的餐饮资料），以及促销过程中可能出现的问题等。

（3）销售访问。

销售人员在进行访问一定要守时，注意自己的仪容仪表，礼貌地为客户做产品介绍，并直截了当地说明来意，尽量使自己的谈话吸引对方。

（4）介绍产品。

销售人员应着重介绍本企业餐饮产品和服务的特点，针对所掌握的对方的需求介绍，引起对方的兴趣，突出所能给予客人的利益，还要设法让对方多表达，从而了解对方的真实要求，证明自己的产品和服务符合客人的要求。介绍餐饮产品和服务还要借助各种资料，如图片、场地布置图等。

（5）处理异议和投诉。

销售人员在碰到客人提出的异议时，要保持自信，先设法让对方明确说出怀疑的理由，再根据事实予以解答。对于客人提出的投诉和不满，首先应当表示歉意，然后在确定情况属实后请求对方给予改进的机会，千万不要为赢得一次争论的胜利而得罪客人。

（6）商定交易。

销售人员要善于掌握时机，与客人商定交易，签订预订单。这时可以使用一些技巧，如代客下决心，给予客人额外优惠等。

（7）跟踪订单。

签订预订单之后，销售人员要与客人保持联系，并跟踪预订单状态直至订单完成。如果最终不能成交，应分析失败的原因，总结经验，继续保持与对方的联系，便于以后合作。

小资料

靠全员服务崛起的海底捞

海底捞是一家成立于1994年，以经营川味火锅为主的连锁品牌。海底捞的服务范围有多广？消费者还没到餐厅门口，就有服务员跑过来接待。若是要等位，在等候区会有专业人员为消费者做免费的美甲，并且无限量供应零食饮料。用餐时，海底捞员工会向消费者提供围裙、手机防水套、热毛巾、头绳等。要是有消费者过生日，海底捞员工会准备专属的小礼物并唱生日快乐歌；失恋了一个人来吃，海底捞员工会送贴心安慰加月老牵线；带娃来吃，有专人哄娃睡觉。在海底捞，只有你想不到，没有他们做不到，种种服务，可谓是体贴入微。

（资料来源：丁晗秋，巴奴与海底捞，产品与服务的路线碰撞，有改动。）

（二）餐饮广告

餐饮企业利用广告进行适时适度的宣传，已成为餐饮行业竞争和经营十分重要的措施。餐饮企业的广告策划者要在全面了解餐饮企业状况的前提下，科学定位，严密策划，让广告宣传达到预期的效果。

1.广告的概念及类型

广告的定义有很多。美国市场营销协会给广告下的定义是：广告是由明确的发起者以公开支付费用，以非人员的形式，对产品、服务或某项行动的意见和想法等的介绍。换言之，广告是指广告主支付一定的费用，采取非人员沟通形式，通过种种媒介把商品信息传递给广大目标群体的过程。

广告可以根据不同依据进行分类。广告的分类依据、类别及释义如表8–1所示。

表8–1　　广告的分类依据、类别及释义

分类依据	类别	释义
传播媒介	印刷类广告	主要包括印刷品广告和印刷绘制广告。印刷品广告有报纸广告、杂志广告、图书广告等。印刷绘制广告有墙壁广告、路牌广告、工具广告、包装广告等
	电子类广告	主要有广播广告、电视广告、电影广告、互联网媒体广告、电子显示屏幕广告、霓虹灯广告等
	实体广告	主要包括实物广告、橱窗广告等
广告地点	销售现场广告	指设置在销售场所内外的广告。主要包括橱窗广告、货架陈列广告、室内外彩旗广告、卡通式广告、巨型商品广告等
	非销售现场广告	指销售现场广告之外的一切广告
广告内容	商业广告	商业广告是广告中较常见的形式，以推销商品为目的，是以向消费者提供商品信息为主的广告
	文化广告	以传播科学、文化等为内容的广告
	社会广告	指提供社会服务的广告，如关于社会福利、医疗保健、社会保险以及征婚、寻人、挂失、招聘等的广告
广告目的	产品广告	指向消费者介绍产品的特性，以打开销路、提高市场占有率的广告
	公共关系广告	指以树立组织良好社会形象为目的，使社会公众对组织增加信心的广告

续表

分类依据	类别	释义
表现形式	图片广告	主要包括摄影广告和信息广告
	文字广告	指以文字创意表现广告内容的广告。文字广告能够给人以丰富的联想
	表演广告	指表演人利用各种表演形式，通过艺术化渲染来达到广告目的的广告
	说辞广告	指利用语言艺术和技巧来影响社会公众的广告。大多数广告采用了游说性的语言，重点宣传企业或产品的某一个方面，甚至某一点的特性，在特定范围内利用夸张手法进行广告渲染
	综合性广告	这是把几种广告表现形式结合在一起，以弥补单一艺术形式不足的广告
广告阶段	倡导广告	又称始创式广告，目的在于开辟某一类新产品的销路或进行某种新观念的导入。此种广告重点在于使人知晓
	竞争广告	又称比较式广告，是通过将自己的商品与他人的商品作比较，从而显出自己商品的优点，使公众选择性认购。此种广告重点在于突出自己商品的与众不同
	提示广告	又称提醒广告、备忘式广告，是指在商品已经成为大众熟悉的商品之后，经常提示商品的名称，以促进商品销售

2. 餐饮广告的类型

餐饮广告可以根据不同的广告目标和广告媒体进行分类。餐饮广告的分类依据、类别及释义如表8–2所示。

表8–2　餐饮广告的分类依据、类别及释义

分类依据	类别	释义
广告目标	告知型	这种类型的广告用于开拓新市场阶段，其宣传重点在于介绍餐饮新产品及其特色、通告产品的价格变化、纠正产品的错误形象、宣传餐饮企业对消费者采取的便利措施等，有利于激发潜在消费者的初步需求和树立良好的形象
	劝导型	这种类型的广告用于餐饮产品的发展时期，目的在于培养消费者对某种产品的偏好，力求突出餐饮产品与企业的特色，也可以改变消费者对本企业和餐饮产品的不良印象，可以表现为进攻型或是防守型
	提醒型	提醒型广告往往在产品进入成熟期时被采用，用于提醒消费者保持对餐饮企业及其产品的记忆，以不断强化餐饮企业及其产品在消费者心目中的形象，提高餐饮企业的知名度，进而使消费者确信自己的选择正确，并刺激消费者重复消费的欲望

续表

分类依据	类别	释义
广告媒体	电视广告	电视广告是餐饮产品宣传的最佳形式。目前，在餐饮产品推广中较多地运用电视广告对菜品进行概括性的宣传。当前，美食专题片、美食专题节目等是比较流行的电视广告形式。这种广告通过节目主持人或美食家的亲自表演，向目标群体展现美食的制作方法及色、香、味、形等。但是电视广告的保存性较差，加上制作、发布费用昂贵，受众目标市场不明确等因素，餐饮企业应慎重考虑
	报纸广告	报纸广告的受众稳定，主要受众是餐饮产品主要的消费者或潜在消费者。报纸更新快，传播速度快，这使得报纸广告更容易获得受众的信赖
	广播广告	广播广告传播迅速及时，不受场所限制，地理与人口选择性较强，制作过程较简单，费用不高。其主要局限是缺乏视觉吸引力，表现手法不如电视广告吸引人，不易加深印象
	杂志广告	杂志针对性强，保存期长，记录性好，读者层次和类别较为明确，但是杂志发行间隔时间较长，时效性差，读者层面较狭窄，市场覆盖率低，不适合发布重复性高、时效性强的信息
	户外广告	户外广告固定设置在街道两旁、立交桥旁以及车站、码头、广场、地铁等公共场所，是一种常见的广告媒体
	互联网媒体广告	互联网媒体的出现为广告信息的传播提供了一条新的途径，但也对传统的广告信息传播方式和策略提出了挑战。与传统广告媒体相比，互联网媒体具有许多优势，如传播范围广、针对性强、实时、灵活、成本低、交互性强等

小资料

新中国第一条电视广告

新中国的第一条电视广告便是餐饮广告。1979年1月28日，农历大年初一，晚上5：05，上海电视台播出一条1分30秒的参桂养容酒广告，这是中国大陆第一条电视广告。广告讲述的是三口之家去商店买参桂养容酒看望长辈，白发长辈接过参桂酒，欢喜异常，十分满意。该条电视广告一经播出，就取得了巨大的反响。

（资料来源：徐益，中国大陆第一条电视广告是如何诞生的，有改动。）

3.餐饮广告的预算

餐饮广告预算是指在一定时期内按销售额或实现的利润额的一定比例提取的广告预算总额，它主要包括市场调研费、广告设计费、广告媒体租金、广告机构办公费及人员工资、广告公司代理费等。确定餐饮广告预算的主要方法有以下四种。

（1）力所能及法。

力所能及法主要适用于小型餐饮企业和临时的广告开支，是企业根据自身的财务状况来决定广告预算的方法，其缺点在于未考虑企业销售目标，往往难以制订长远的广告计划。

（2）销售比例法。

销售比例法即餐饮企业以上年度销售额和本年度计划销售额的一定比例作为广告预算的方法，其公式为：

广告预算=（上年度销售额+本年度计划销售额）/（2×广告费占销售额的百分比）

这种方法可以使餐饮企业管理者根据单位广告费用、产品售价和销售利润之间的关系来考虑企业的营销问题，其缺点在于广告费用支出的比例存在不确定性，并且忽视了在不同地区和产品间分配预算的实际需要。

（3）竞争对比法。

竞争对比法即餐饮企业比照竞争者的广告开支水平制定广告预算。与竞争者保持同样的广告预算水平，有利于企业形成某种均势。运用这种方法进行广告预算，要考虑企业实力、产品数量与质量等方面的差别，同时应避免盲目的恶性竞争。

（4）目标任务法。

目标任务法即餐饮企业确定广告目标及为实现目标应完成的广告工作任务，然后估算所需费用的总额，该总额即广告预算。运用这种方法时若先进行成本效益分析，再根据边际成本和估算的边际收益来确定广告预算，则可收到良好的效果。

4.餐饮广告的制定

一则成功的广告，可能只有短短几句话或几个画面，但其幕后工作是极为繁杂的。餐饮广告制定流程如图8–2所示。

（1）餐饮产品定位。

餐饮产品只有找到它在市场上的定位，明确其所具有的功用，才能有一块适合的天地茁壮成长。对餐饮产品进行市场定位时应避免出现以下情况。

①定位高。定位高，则需有高质量的产品或服务，否则消费者认可度差，不利于打开市场。

②定位广。如果定位过广，其结果与产品毫无定位的结果是相似的。一种产品面向的市场越大，其可以集中的力量就越小，因此选择市场面宽窄要适度。

③定位不稳定。产品定位不稳定，其原因还是出于对定位没有一个正确的认识。一个产品其内在属性是既定的，它所适合的人群也是相对固定的。一旦改变市场定位，容易使餐饮广告显得不可信，甚至可能造成消费者流失。

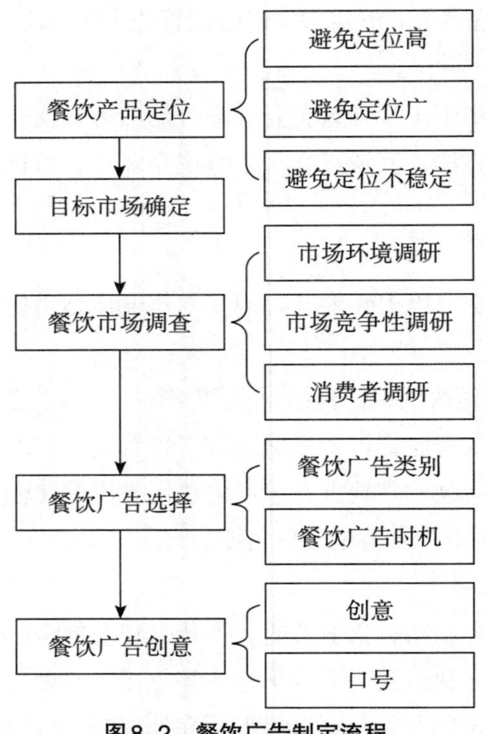

图8–2　餐饮广告制定流程

（2）目标市场确定。

在进行餐饮广告策划时，必须明确餐饮广告所针对的目标市场。对不同的目标市场，使用的方法是不一样的。确定目标市场对整个餐饮广告策划有决定性的意义。

（3）餐饮市场调查。

根据餐饮市场调查所得结果，适当调整餐饮广告策略，以便更加符合实际，取得更好的营销效果。餐饮市场调查具体包括以下内容。

①市场环境调研。市场环境调研是以确定的目标市场为前提，有计划地收集某一地区有关政治、经济、文化、人口、风俗等的情况，再对目标市场进行细分，确定餐饮广告重点的调研。另外，地区风俗文化、政治经济形势的分析，也对餐饮广告策略的制定具有重大借鉴意义。

②市场竞争性调研。餐饮广告产品的市场竞争性调研包括餐饮产品的历史供求状况，餐饮产品的发展轨迹、成功和失败的原因，餐饮产品目前在市场上所处的地位，该类餐饮产品的市场总容量，其他品牌产品的发展轨迹、竞争潜力、销售渠道，餐饮广告及其他促销手段的运用等。

③消费者调研。对目标消费者的调研，可以分为两个内容：一是需求调研；二是消费心理调研。不同的产品有不同的消费者，他们的消费心理是不同的。对消费心理

进行调研，可以更好地确定餐饮广告方式。

（4）餐饮广告选择。

餐饮广告选择包括两个方面：一是餐饮广告类别的选择；二是餐饮广告时机的选择。

餐饮广告类别的选择很多，表8–2中已有描述。

餐饮广告时机大体可分为三类：一是集中式，即集中在一段时间内发布广告，也称为爆发型广告；二是连续式，即连续地发布广告；三是间断式，即间断地发布广告。

（5）餐饮广告创意。

餐饮广告创意是整个餐饮广告活动的中心，是餐饮广告活动的灵魂。

从餐饮广告的市场功能和语言特色方面来看，经验丰富的广告创作人员要在极为有限的时空中使用简短易记、节奏鲜明、便于上口、顺应潮流的词汇，准确体现餐饮企业的经营理念、形象定位、产品卖点、促销策略等。

5.餐饮广告的效果评估

餐饮企业应对广告效果进行持续的评估，以便对广告实行有效的控制。广告效果评估的内容很多，但主要有两个方面：一是信息传递效果的评估；二是销售效果的评估。

（1）信息传递效果的评估。

信息传递效果的评估，就是评估广告是否将信息有效地传递给目标消费者。这种评估在事前和事后都应进行。评估的方法主要有三种。

①直接定级法。测试人员向若干消费者提供几种不同的广告方案，让消费者予以品评。

②综合测试法。请消费者观看或聆听一个广告组合，之后回忆所有的广告内容，回忆的水平能反映广告信息被理解和被识记的程度。

③实验室测试法。这种方法利用仪器来测定消费者对广告的生理反应，如脉搏、血压、瞳孔变化以及排汗情况等。这种测试能衡量广告引起注意的程度，但很难评估广告对消费者产生的实际影响。

（2）销售效果的评估。

销售效果的评估，就是评估广告使餐厅营业额增长了多少。这种评估很困难，因为餐厅营业额增长多少，不仅仅取决于广告，还取决于很多因素，如经济发展、人们收入水平的提高、比较合理的定价等。

目前部分企业尝试采用试验法来评估广告效果，具体方式为：把某种产品的销售市场按地区划分，在甲地区使用电视广告，在乙地区使用杂志广告，在丙地区使用报纸广告。各种广告预算相等，经过一定时期后，检查各地区的销售额增长情况，用以检测和分析哪种广告方式最有效。或者在甲地区使用大量广告，在乙地区使用少量广告，在丙地区不做广告，一定时期后，检查各地销售额增长情况，可大致估计出广告对销售额的影响。

（三）餐饮营业推广

营业推广是一种灵活的、快速有效的促销方式，餐饮企业应当适当地运用营业推广手段，并与其他促销工具相互配合、相互补充，从而促进餐饮产品的销售，提高其市场占有率。

1.餐饮营业推广的含义

营业推广又称销售促进，是指企业利用各种短期诱因鼓励消费者购买本企业产品和服务的促销活动。它是与人员促销、广告、公共关系相并列的基本促销手段之一，是构成促销组合的一个重要方面。

餐饮营业推广是指餐饮企业在某一特定时期与空间范围内，为配合餐饮广告和餐饮人员促销开展的刺激中间商和消费者购买或者大量购买餐饮产品的活动，是一种非常规性和非周期性的营销形式。其目的在于在短期内迅速刺激和扩大需求，从而改善企业的经营效果，并扩大其市场占有率。

2.餐饮营业推广的作用

餐饮营业推广的作用主要体现在以下方面。

（1）加速餐饮企业的新产品进入市场。

当餐饮企业的新产品刚投入市场时，消费者对其还没有足够的了解，因此餐饮企业可以通过营业推广的方式使消费者感受到新产品的优势，激发消费者对新产品的购买热情，加快新产品打入现有市场的速度。

（2）对抗竞争者的促销活动。

餐饮企业可以采用营业推广的促销方式来增强产品对消费者的吸引力，从而稳定和扩大自己的消费者队伍，以对抗企业的竞争者开展的大规模促销活动。

（3）刺激消费者的购买行为。

餐饮企业通过营业推广，向消费者传递一些关于本企业产品的信息，建立消费者对企业的一种好感，从而促进本企业产品和服务的销售。

（4）影响中间商的交易行为。

企业通过向中间商提供较大折扣，以及以一种经营竞赛的方式来引导中间商购买更多的产品，让中间商同企业保持一种稳定的购销关系。另外，企业还可以主动帮助中间商培训员工，使其经营管理水平得到改善。

（5）配合其他的促销手段，增强整体促销效果。

餐饮企业在采用其他促销手段时，往往可以考虑使用营业推广，以增强整体促销效果。

3.餐饮营业推广的方式

餐饮营业推广主要是针对消费者和中间商而进行的，消费者一般关注自身的消费利益，而中间商则比较注重自己的经济利益。因此，餐饮企业在进行营业推广活动的时候，应针对不同的对象使用不同的方式。

（1）价格优惠。

餐饮企业在经营淡季或特殊时期可推出优惠价格，从而招揽消费者。这种以价格取胜的方式可行性比较强，对于企业的消费者或是中间商都有比较大的吸引力。

（2）奖券和抽奖。

餐饮企业可将奖券附在报纸、杂志或是宣传材料中，寄送或是发放给消费者，刺激他们再次消费的欲望。

餐饮企业抽奖的形式多种多样，通常是消费者在消费后便有机会参与抽奖。一旦中奖即可获得实物或是服务作为奖励，提升消费者的消费体验。但要注意的是，不能出现全部无奖的情况，这样会使消费者反感。

（3）提供产品样品。

餐饮企业可以通过提供产品样品的方式让消费者先体验，再购买。这样有利于消除消费者对企业产品的不了解。

（4）退款和折扣。

给予没有得到满意服务的消费者全部或是部分的退款或折扣，使消费者对企业产品质量充满信心。

（5）优先照顾。

餐饮企业对待自己的特殊消费者，如重要消费者、贵宾、餐饮俱乐部的成员、长期的客户等，可以提供更具有个性化的服务。

（6）红利。

这种推广方式主要针对中间商。餐饮企业可以采取销售分红或是共享一定比例利润的形式，将企业和中间商的利益结合在一起，提高中间商购买和销售的积极性。

（7）鼓励重复购买。

可以对多次购买过本企业产品的消费者给予优惠政策，提高消费者对本企业产品的忠诚度，刺激他们持续消费。

（8）企业俱乐部。

可以建立企业俱乐部，比如健身中心俱乐部、高级管理人员俱乐部、秘书俱乐部等。企业通过为俱乐部的成员提供优质的服务，来提高其对本企业的忠诚度，使之成为企业的长期客户。

（9）特殊活动。

餐饮企业可以通过举办各式各样的活动，如食品节、店庆、夏日消暑节、啤酒节、烧烤节等，吸引消费者消费，扩大企业影响。

（10）赠送礼品。

可以向消费者和中间商赠送带有明显企业标志的特殊礼品，加强与消费者的情感交流，加深消费者对企业的印象。

4.餐饮营业推广方案策划

餐饮企业在制定营业推广方案时，不仅需要考虑很多因素，还要经过一系列的环节。餐饮营业推广方案的策划过程越深入、细致、全面，越能保证营业推广的效果。

餐饮营业推广方案策划过程如图8-3所示。

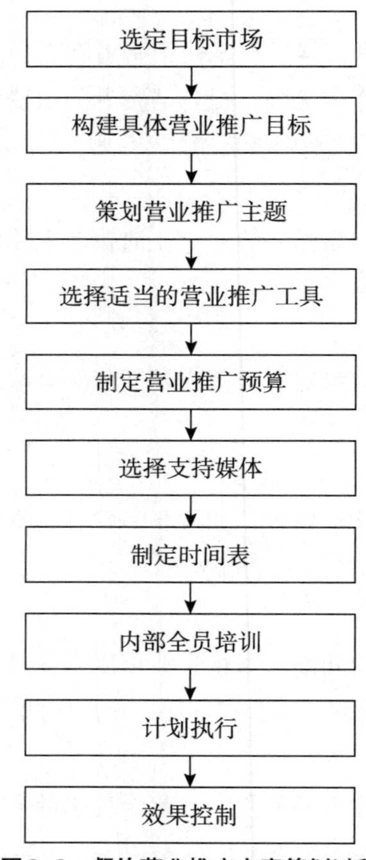

图8-3 餐饮营业推广方案策划过程

（1）选定目标市场。

通常，这个目标市场与餐饮企业的目标市场是一致的，但有时也会不一致。不同的促销方式所带来的效果是不同的。所以，明确营业推广的具体目标市场是餐饮营业推广方案策划的第一步。

（2）构建具体营业推广目标。

营业推广目标应该具体并有针对性，能够明确本次营业推广活动到底要完成什么指标。

（3）策划营业推广主题。

主题的确定将直接关系到营业推广工具的选择。同时，好的主题应该起到对外能增加销售、对内能唤起员工的工作热情的作用。

（4）选择适当的营业推广工具。

每一种营业推广工具都有其特点，因此对于不同的目标，或针对不同的客户，采用的推广工具也不一样。

（5）制定营业推广预算。

企业在营业推广的时候，势必要权衡推广成本和经营效益之间的关系。确定营业推广预算的常见方法有三种：①参照之前的推广费用决定；②根据营业推广费用占总促销费用的比例来确定；③先确定每个营业推广项目的费用，再相加，得到总预算，其中，推广项目的费用包括优惠成本和实施成本两部分。

（6）选择支持媒体。

企业需要根据媒介的普及程度和费用支出，选择合适的支持媒体。另外，很多营业推广必须借助广告活动加以推动。因此，企业也需要对广告进行相关决策。

（7）制定时间表。

营业推广是一种适于短期推销的促销方法，这就要求推广的目的非常明确。因此，营业推广的时间安排既要有“欲购从速”的吸引力，又要避免草率了事。这种时机的掌握，可以通过以往的经验进行仔细分析。

（8）内部全员培训。

一次大规模营业推广活动可能需要多个部门的配合。在活动实施之前对员工进行培训，可以增强他们对推广活动的理解，明确相应的服务要求，从而减少推广过程中的部门摩擦和行动误差。

（9）计划执行。

将营业推广计划付诸实践。

（10）效果控制。

控制推广进程，随时对推广的某些细节进行必要的调整，改善推广的效果。在这个过程中以及在整个推广活动结束之后，都需要对营业推广效果进行评价。

（四）公共关系

餐饮企业通过各种公关活动，如宣传报道、捐款资助等，来树立良好的公众形象，提高企业的知名度，在这个过程中，餐饮企业并不直接宣传和推销餐饮产品。

1.公共关系的含义

关于公共关系的定义，众说不一。《韦伯斯特新国际辞典》中对公共关系的定义是：通过传播大量有说服力的材料，增进邻里交往，评估公众的反映，从而促进个人、公司或机构同他人、各种公众以及社区之间的亲善友好关系。

大百科全书把公共关系定义为，一个企业或组织为获得内部及社会公众的信任和支持，为自身的生存、发展创造最佳社会关系环境所采取的各种科学的手段与活动。

被大家普遍接受的公共关系的定义是：公共关系是一种内求团结、外求发展的经营管理艺术，它运用科学合理的原则和方法，通过坚持不懈的努力，协调和改善企业与内、外部公众的关系，在公众心目中树立良好的形象，使企业获得良好的经济效益和社会效益。

餐饮公共关系是指餐饮企业运用信息传播手段，与公众建立起相互了解和信赖的关系，树立良好的形象和信誉，促进餐饮企业总目标顺利实现的一种管理职能。由此可以看出，餐饮公共关系既强调餐饮企业和公众的关系是相互的，又强调餐饮公共关系具有管理职能。

2.餐饮公共关系的主体和客体

公共关系由主体、客体和主客体之间的联系构成。具体而言，企业、公众和传播沟通是构成餐饮公共关系的三个基本要素。

（1）主体—餐饮企业。

在餐饮公共关系中餐饮企业占主导地位，是餐饮公共关系中的主体。在公共关系中，公众对餐饮企业的产品和服务感到满意，餐饮企业才能有长远发展的机会，因此餐饮企业的主导地位不是自封的，而是基于对公众的服务意识和尊重。这样，餐饮企业才能建立起一种良性的公共关系。

（2）客体—公众。

公众在公共关系的构成要素中属于被组织、被影响、被作用的对象，处于客体地位。公众的观点、态度和行为在公共关系中常常决定了一个餐饮企业的发展方向。

（3）主客体之间的联系—传播沟通。

餐饮公共关系要借助各种现代的传播技术、信息载体和沟通方法来实现企业和公众之间的有效沟通。21世纪被称为信息时代、知识经济时代，企业和公众之间的传播沟通会越来越频繁。因此，掌握各种传播手段，强化企业的传播沟通能力非常重要。

3.公共关系的作用

餐饮企业公共关系可以帮助企业更加了解公众及内部员工的愿望和需求，有利于外部客源市场的开拓和内部管理的整合，具体作用有以下方面。

（1）塑造餐饮企业的良好公众形象。

餐饮企业通过深入、细致、持之以恒的具体工作，加强与公众的沟通，可以取得社会公众的理解，进而赢得信任和支持，从而树立和发展餐饮企业的良好形象，建立企业的良好信誉。

（2）提升餐饮企业内部凝聚力。

对员工而言，在一个通过开展公关工作而树立起良好形象的企业内工作，会使其产生一种自豪感和成就感。这就会促使餐饮企业发展成公众满意、企业内部员工也满意的良性状态，从而提高餐饮企业的凝聚力。

（3）为餐饮企业决策提供参考。

餐饮企业的公关部门时刻与外部保持联系，能够较为准确地把握环境信息的变化，及时了解公众的需求动态，为企业决策层提供切实可靠的信息，为企业的决策方向提供参考。

4.餐饮企业的形象调查

为了健康发展，餐饮企业应经常通过对企业自身的形象进行调查，及时了解公众对企业的看法和评价。如果发现不足，要及时通过公关等活动改变或扭转公众对企业的认识。具体来讲，一个餐饮企业的知名度和美誉度是体现企业形象的两个具体指标。

（1）知名度。

知名度是指餐饮企业被公众知晓的程度，可以用公式表示为：知名度＝知晓公众／被调查的公众 ×100%。

（2）美誉度。

美誉度是指餐饮企业被公众认可和赞美的程度，可以用公式表示为：美誉度＝认可公众／知晓公众 ×100%。

企业形象如图8–4所示。以知名度为横坐标，以美誉度为纵坐标，构成的直角坐标系被称为企业形象。每个餐饮企业都可以在此坐标系中，找到和自己调查结果相对应的位置，从而了解企业的形象，明确企业公共关系的目标和方向。

如图8–4所示，餐饮企业形象分为A、B、C、D四个区，分别表示四类不同的企业形象状态。甲、乙、丙、丁是假设的四个餐饮企业形象的位置。

A区：高知名度、高美誉度。在这个区的甲企业处于最佳的公共关系状态，应保持原有成绩，继续努力。

B区：低知名度、高美誉度。在这个区的乙企业具有良好的公共关系发展基础，应

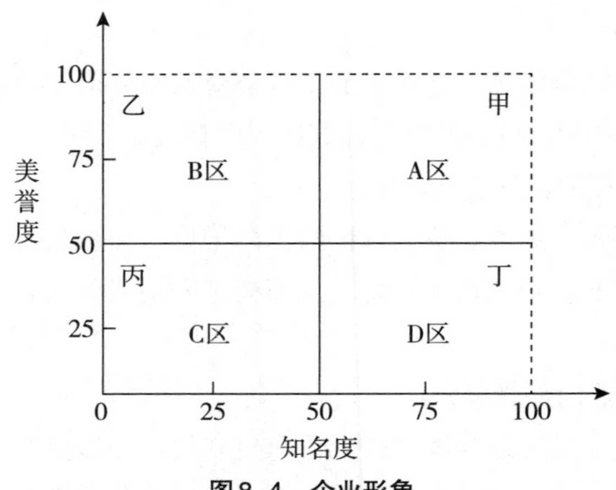

图8–4 企业形象

在维持美誉度的基础上，加大宣传，让外界了解自己，尽快提高知名度。

C区：低知名度、低美誉度。在这个区的丙企业公共关系状况不佳，其公共关系工作甚至需要从零开始。丙企业首先应该完善自身，争取较高的美誉度；其次应在传播方面暂时保持低姿态，待享有较好的美誉度以后，再大力做提高知名度的工作。

小案例：
河南暴雨捐款500万，央视为其点赞

D区：高知名度、低美誉度。在这个区的丁企业公共关系处于臭名远扬的恶劣环境，必须通过整体工作的改进来增强公共关系。丁企业应先扭转已经形成的坏名声，提高美誉度，再尽快扭转公众对企业形象的看法，否则将影响企业发展甚至影响企业的生存。

四、影响餐饮促销组合的因素

对于餐饮企业来说，在制定促销组合和促销策略时应考虑促销目标、餐饮产品生命周期、市场状况、促销预算及经济前景等因素。各种因素不同程度地影响着餐饮企业的促销组合选择。

（一）促销目标

促销目标是指餐饮促销活动所要达到的效果和目的。促销目标对餐饮企业促销组合的选择也有影响。如果促销的目标是增进一种新产品的知名度，那么重点应放在广告和营业推广上；如果促销的目标是让消费者了解餐饮产品的特点，那么促销组合的构成就应该是适量的广告、大量的人员促销和一些营业推广。

从餐饮促销组合的成本效益来分析，广告、营业推广和公共关系在建立消费者对餐饮企业及产品的了解方面，比人员促销的效益要好得多。消费者对餐饮企业及其产品的信任，受人员促销的影响较大，之后才是广告。

（二）餐饮产品生命周期

在餐饮产品生命周期的不同阶段，促销目标不同，促销效果也有所不同，应相应地选择不同的促销组合，制定特定的促销策略。

1. 导入期

导入期的餐饮促销策略应以广告宣传为主，目的在于促进消费者对餐饮产品的认识和了解，同时辅以人员促销、营业推广和公共关系等，以便向首批消费者做细致的说明和介绍。

2. 成长期

成长期销售策略的重点应该是宣传餐饮产品特色，树立餐饮产品品牌，刺激人们对餐饮产品的需求，扩大餐饮产品的市场占有率。此阶段，广告宣传仍是主要的促销方式，同时可配合使用人员促销。

3. 成熟期

成熟期竞争者日益增多，为了与竞争者相抗衡，保持已有的市场占有率，餐饮企业必须增加促销费用。在这个阶段，餐饮产品促销一般以营业推广为主，广告仍作为重要方式在使用，但需要改变广告类型，如改成提示广告。

4. 衰退期

衰退期餐饮产品由成熟走向衰退，餐饮企业应把促销规模降到最低限度，以保证足够的利润。这时只用少量的广告或配合一些营业推广措施来维持消费者的购买频次即可。人员促销可减至最小规模，公共关系等可以停止。

由此看来，在整个餐饮产品生命周期中，餐饮企业采取的促销组合应根据各个阶段的不同特点而有所改变。总的来看，在导入期和成熟期，促销活动十分重要；而在发展期和衰退期，则可调整促销费用，以保证足够的利润。

（三）市场状况

市场状况主要包括市场范围大小、市场竞争状况等。需针对不同状况的市场采取不同的促销策略。

1. 市场范围大小

市场范围主要是指目标市场的地理分布及规模。一般而言，市场地域越广、潜在消费者数量越大时，应以广告宣传和文字宣传为主；市场范围小，且多为中间环节市场时，则应以人员促销为主。

2.市场竞争状况

当市场竞争激烈时，则应同时采取推式策略与拉式策略。反之，则只采取拉式策略即可。

除此之外，促销预算和经济前景也是应该考虑的两个重要因素。

第二节 CIS

一、CIS概念

CIS是英文Corporate Identity System的缩写，即企业形象识别系统，是欧美国家发展起来的一种经营管理策略。它是通过企业名称、企业标志、标准字体、标准色等视觉形象的统一性，表现某家企业与其他企业的不同，让社会公众更能识别某一固定的企业形象，进而提高企业业绩的一种专门技术。

企业形象识别系统可以帮助餐饮企业树立企业形象、产品形象、服务形象等，提高消费者对餐饮企业的认识和了解程度。

二、CIS构成要素

CIS由理念识别系统、行为识别系统和视觉识别系统构成。三个系统协调运行，相互整合形成CIS。

（一）理念识别系统（Mind Identity System，MIS）

理念识别系统是指企业用语言文字在企业内外公开传播的、一贯的、独特的经营管理思想，是CIS的核心。它不仅是企业经营的宗旨和方针，还包括鲜明的文化价值观，具体表现为企业文化、经营思想、行为准则三个方面。

企业理念是个总概念。在各餐饮企业建立自己的理念识别系统的过程中，有不同的切入点，如经营策略、经营方针、价值定位、企业精神、企业性格等。而企业理念传播的形式则主要有标语、口号、广告、企业之歌等。

（二）行为识别系统（Behavior Identity System，BIS）

行为识别系统是对企业运作方式所作的统一规划而形成的动态识别系统。行为识别系统包括对内的组织管理和教育，对外的公共关系、促销活动等。餐饮企业主要靠员工的行为（服务）来传递企业的形象，因此服务的技巧、质量、内容等均是行为识别系统的重要内容。

在CIS中，要将企业理念和价值观贯彻到企业的日常运作中，就要确立行为识别的规范，并通过有效的管理机制来贯彻、实施这些规范，具体到餐饮企业的经营活动中，就是要对企业行为和员工行为实行系统化、标准化、规范化的统一管理，以便于形成统一的企业形象。

（三）视觉识别系统（Visual Identity System，VIS）

视觉识别系统是企业将其理念和价值观通过静态的、具体的视觉传播形式，有组织、有计划地传达给社会，以树立统一性的识别形象。从具体形式来讲，视觉识别的基本要素包括企业的标识、名称、广告语、口号、商品标志、商品名称、标准字、标准色彩及媒体表现风格等。

理念识别系统是CIS的核心，行为识别系统和视觉识别系统是理念识别系统的外在表现。理念识别系统不仅是行为识别的精神动力，也是视觉识别系统的精神内涵。

三、导入CIS的基本程序

个性化的CIS具有更强烈的表现力，使人过目不忘，能够引起人们长久的记忆、联想和共鸣。

餐饮企业导入CIS的基本程序，可分为策划准备、企业形象调查分析、企划方案、CIS的设计和开发四个阶段。

（一）策划准备

1.成立CIS筹划委员会

CIS筹划委员会的成员应在餐饮企业内部各级主管中挑选。应明确餐饮企业导入CIS的理由、意义和目的。

2.餐饮企业现状分析

餐饮企业现状分析包括餐饮企业内部环境和外部环境的分析。餐饮企业内部环境分析旨在明确CIS主体，包括企业意识调查、形象调查、视觉调查等。餐饮企业外部环境分析旨在明确企业的行业地位，包括当前市场状况的分析、其他餐饮企业的形象分析等。

3.理念和领域的确定

通过分析餐饮企业的现状，探讨并确定企业理念和领域，预测企业今后的发展情况，进一步确定企业的发展策略。

（二）企业形象调查分析

1.餐饮企业实态调查

餐饮企业实态调查内容主要包括消费者对本企业的意见，企业自身在市场竞争中的地位，企业的目标、发展策略等。

2.餐饮企业形象调查

餐饮企业形象调查内容主要包括企业的市场形象、外观形象、技术形象等。

3.定位企业形象

餐饮企业通过调查，应对目前的企业形象现状有了准确的了解，进而应该明确企业自身的形象定位。

（三）企划方案

1.根据餐饮企业调查结果，制订CIS的整体规划方案

餐饮企业应该根据事前的调查结果，重新评估企业理念，构筑新的企业经营策略，作为企业未来的管理方向，从而形成CIS的整体规划方案。方案内容包括调查结果的概要、企业CIS概念、具体可行的策略、CIS设计开发的要领和CIS有关的补充计划等。

2.制订CIS的企划方案

把CIS整体规划方案细分、整理，制订CIS的企划方案。企划方案的内容应该清楚地标示出“问题”和“解决办法”两大重点，并对具体的实施步骤、方法和预期成果加以说明。方案内容包括标题、提案的目的、引进CIS的理由和背景、引进计划、CIS的计划方针、具体的实施细则、CIS计划的推动和组织者、实施CIS计划所需的费用与时间等。

（四）CIS的设计和开发

1.基本要素的设计和开发

基本要素包括企业标志、企业名称、标准字（企业名称的全称及简称的中文及英文字体）、品牌标准字、企业的标准色、企业标语等。

2.应用要素的设计和开发

应用要素包括企业章类（名片、旗帜、徽章等），文具类（文件、信封、信纸、便条纸等），运输工具，员工制服，企业广告等。

3.CIS设计开发程序

CIS设计开发程序的主要内容包括：探讨企业标志要素概念与草图；企业标志设计方案的展现；选择设计方案及测试设计方案；企业标志要素的精致化；展现基本要素

和系统提案；编辑基本设计要素和系统手册；企业标准应用项目的设计开发；一般应用项目的设计开发；进行测试与打样；开始新设计的应用；编辑设计应用手册。

四、CIS各要素在餐饮企业中的运用

CIS有利于餐饮企业将经营理念与精神文化统一传达给餐饮企业周边的关系利益人，使其对餐饮企业产生一致的认同感，使社会公众充分认知企业对外展示的形象和文化。

（一）理念识别系统（MIS）在餐饮企业中的运用

理念识别系统相当于企业的“大脑”。它包括企业文化等要素。餐饮企业管理者要对各要素有深刻的理解，以便于根据餐饮企业的实际情况，制定符合餐饮实际的理念识别系统。另外，企业制定的理念识别系统应该切合实际，能被大多数员工所接受，否则如同虚设。

（二）行为识别系统（BIS）在餐饮企业中的运用

行为识别系统相当于企业的“双手”。它包括在企业理念的指导下所形成的一系列活动，如管理方法、经营方式、行为规范、工作作风、文娱活动等。

在餐饮企业行为管理中很重要的一环，是企业要有丰富的企业文化活动。餐饮企业的经营工作往往是枯燥和超负荷的，员工经常能感到工作的压力。为了缓和员工长期紧张的情绪，增加员工的生活乐趣，调动员工的积极性，增加餐饮企业的凝聚力，餐饮企业一般可开展的文娱活动有交谊舞会、生日晚会、集体旅游等，还可以在节假日给员工发放一些节日礼品、礼金。这也是餐饮企业福利的一个方面。

（三）视觉识别（VI）在餐饮企业中的运用

视觉识别是CIS静态识别符号，是具体化、视觉化的传达形式。其基本要素主要包括企业名称、企业品牌标志、企业品牌标准字、企业专用印刷字体、企业标准色、企业象征造型与图案、企业宣传标语和口号等。

餐饮企业视觉识别的应用要素主要包括两大类：一是属于餐饮企业固有的应用媒体，包括餐饮企业的产品、事务用品、办公室器具和设备、招牌、标识、气质、制服、衣着、交通工具等；二是配合餐饮企业经营的应用媒体，包括广告、食物包装袋、餐饮企业建筑、用餐环境、传播展示与陈列规划等。

小案例：
塔斯汀——汉堡界的国潮之光

第三节　餐饮品牌营销策略

在竞争全球化、知识经济化以及消费需求个性化的市场环境下，餐饮品牌的功能越来越重要，现代品牌的含义与外延有了更大的发展。品牌建设必将融入社会生活的方方面面。如何进行餐饮品牌经营管理被提上日程。

一、餐饮品牌的含义及形成

（一）餐饮品牌的含义

传统的品牌定义很多，著名营销专家菲利普·科特勒认为：品牌是指一个名称、标记、符号、设计或它们的联合使用，以便消费者能辨识商家的产品或服务，并使之与竞争者的产品或服务有所区别。

餐饮品牌一般是指餐饮企业为了使消费者识别其企业或产品，所用的一种具有显著特征的标记，是餐饮企业经过长期努力使餐饮产品在消费者心目中形成的概念和评价，以及由此产生的认同感和品牌忠诚度。

品牌的外形要素通常由名称、标志和商标组成。品牌的内涵要素是餐饮企业经营理念、经营方针、经营方式、服务理念、服务特色、服务质量等方面的有机组合。而餐饮企业的品牌经营，则是通过品牌设计、品牌推广、品牌保护及品牌资产评估等活动，提高消费者的满意度、忠诚度和餐饮企业的知名度、美誉度。实施品牌经营策略，是餐饮行业所面临的时代特征所决定的。

（二）餐饮品牌的形成

一个品牌的建立并不是一蹴而就的，它需要餐饮企业的长期经营和维护。餐饮品牌的形成需要有以下几种要素。

1.时间

无论是提高消费者的满意度，培养消费者忠诚度，还是引导并逐渐改变消费者的饮食行为习惯，都需要一个漫长的过程，需要时间的累积，它们是餐饮企业长期实施品牌经营策略的结果。

2.投资

餐饮企业为引起消费者的注意，使消费者对品牌形成良好的印象，往往会耗费大量的财力资源用于广告宣传等。即使已经确立了品牌地位的企业，每年也会拿出大量的资金来维护消费者的品牌忠诚度。

3.机遇

在每一个细分市场上，消费者个性化需求的特征越来越明显，无数餐饮企业致力于产品差异化竞争，这意味着留给餐饮企业创立和维持品牌的空间越来越小。特别是餐饮企业生产和消费一体化以及产品技术含量低的特点，使其本身的市场空间比较小，而走产业化连锁经营又需要一系列基础条件。因此，创造和把握机遇越来越成为创立和维持品牌必不可少的要素之一。

4.能力

知名品牌企业通过长期的发展和积累获得了把握市场机遇的能力，并且抓住了稍纵即逝的商机。品牌企业都有一定的市场控制能力，这种能力来源于企业的自我控制能力和对消费者的影响能力。这些能力在很大程度上决定了餐饮企业品牌的形成。

二、餐饮品牌营销的含义

餐饮品牌由服务品牌、环境品牌、菜品品牌和企业品牌四大部分构成，由内隐的文化要素和外显的符号等要素组成。因此，餐饮品牌的发展取决于这四大部分的发展状况，取决于内隐要素和外显要素的协调发展。

餐饮品牌营销其实就是餐饮企业以目标市场的需求为中心，努力地去塑造和传播品牌形象的过程。为了能够成功地塑造并顺利地传播品牌形象，有效地开展品牌营销活动，必须对品牌营销活动实行科学的策划。

三、餐饮品牌营销的意义

餐饮企业品牌营销不仅是餐饮企业之间除产品、服务竞争之外的重要竞争，还是影响餐饮企业之间产品、服务竞争的重要砝码。它既是餐饮企业生存于社会、服务客户的重要渠道，也是社会与客户了解餐饮企业的重要窗口；它既能为餐饮企业带来经济效益，增加无形资产价值，也能产生社会效益。

我国许多餐饮企业已认识到品牌营销的重要性。特别是当前国际市场生产力已经处于过剩状态，所有开放市场经济国家都不同程度地进入了买方市场，市场竞争的环境、手段与过去相比都发生了很大的变化。在这种新情况下，餐饮企业取胜的基础已不再是产品本身，而是包括品牌在内的更广泛的基础。可以说，未来国际市场竞争的主要形式将是品牌竞争，品牌策略将成为企业能在市场竞争中胜利的关键。

事实上，许多世界知名的餐饮企业往往把品牌发展看成企业开拓国际市场的优先策略。肯德基、麦当劳等企业无一不是先从品牌策略开始的，即创立属于自己的名牌产品，并把它作为一种开拓市场的手段，最终占领市场。由于名牌的综合带动作用巨大，外向度也相当高，因此各知名企业往往是先创立一个产品品牌，然后围绕这一品牌逐渐形成一个完整的产业链并带动相关配套产业的发展。可以说品牌是餐饮企业进入市场、占领市场的武器。抓住了品牌营销就等于抓住了市场经济条件下的餐饮营销关键。

四、餐饮品牌营销策略

正确的品牌营销策略能使自己的产品从众多的竞品中脱颖而出，成为消费者首选，从而使企业获得平均利润或者超过平均利润的垄断利润。餐饮企业在品牌营销管理中要考虑的一个重要问题是如何使用已有的品牌，以及如何或是否需要推出新品牌，这就是餐饮品牌策略问题。

（一）品牌延伸策略

不断追求品牌的延伸并准确把握和运用品牌延伸策略，才能受到消费者的长期信赖，提高消费者的忠诚度。

品牌延伸策略是指企业将某一知名品牌或某一具有市场影响力的成功品牌扩展到与成名产品相似的产品上，凭借现有的品牌推出新产品的过程。品牌延伸策略可以包括产品线的延伸，即把现有的品牌名称使用到相同类别的新产品上，如推出新款式、新口味、新色彩、新配方、新包装的产品。品牌延伸策略并非简单地借用已经存在的品牌名称，而是对整个品牌资产的策略性使用。品牌延伸策略可以使新产品借助成功品牌的市场信誉，在节省促销费用的情况下顺利地进入并占领市场。

品牌延伸是品牌发展到一定阶段的必然结果。当一个品牌经过前期的市场运作，在知名度、美誉度、消费者忠诚度等方面都取得了显著优势时，也就意味着品牌的延伸具备了良好的市场基础。一个品牌在市场上取得了成功，则意味着该品牌具有一定的市场影响力，会给企业创造更多利润。企业在推出新的产品时，自然要利用该品牌的市场影响力，品牌延伸就成为自然的选择。这样不但可以省去许多新品牌推广费用，还可以将人们对品牌的认识和评价扩展到新产品上。

我国餐饮企业常常不能正确利用品牌延伸策略。许多餐饮企业，尤其是些老牌餐饮企业，不注重品牌延伸的使用，大多是一牌一品，产品单一。这些企业坚守原来的阵地，没有积极地去研发新的产品，现已面临种种问题与挑战。还有一些企业在品牌延伸过程中逐步偏离原有的清晰定位，渐渐失去了其原本个性化的魅力。

品牌延伸是企业推出新产品，快速占领市场或扩大市场的有力手段，是企业对品牌无形资产的充分发掘。品牌延伸可以加快新产品的定位，保证企业新产品投资决策的迅速与准确；有助于减少新产品的市场风险，降低新产品的市场导入费用；有助于强化品牌效应，增加品牌这一无形资产的经济价值。品牌原产品起初通常是单一产品，品牌延伸策略可以使品牌从单一产品向多个领域辐射，进而强化品牌自身的美誉度、知名度，这样品牌这一无形资产也就可以不断增值。

（二）品牌扩展策略

在竞争激烈的市场上，借助成功的品牌去打造一个新品牌，可以增加成功的机会，带动新品牌尽早上市。

品牌扩展策略，是指企业利用其成功品牌的声誉来推出改良后的产品或新产品，凭借现有品牌产品形成系列品牌产品的一种策略。企业的品牌发展到具有一定的优势时，就要开源，使品牌的价值更大化。这时企业为了规避风险，在一个成熟的产品体系里生产新的或经过改进的产品，利用成功品牌的市场影响力帮助新产品快速占领市场。这样做既减少了品牌认知的过程，又降低了产品的经营风险。

盲目进行品牌扩展也可能对企业的原品牌产品产生负面影响，甚至是致命的打击。企业在实施品牌扩展策略过程中应充分考虑现有品牌的定位及其适应范围。在多元化的市场上，企业应该意识到其无法为该市场上的所有消费者提供产品或服务，所以要进行市场细分，确定目标市场并进行品牌定位。品牌定位的目的就是要建立一个与目标市场有关的品牌形象以吸引目标消费者。一旦品牌定位确立后，在实施品牌扩展策略时，要考虑到品牌定位的一致性和兼容性。

（三）多品牌策略

企业在完成资本积累、开始对外扩张的过程中，若坚持统一品牌策略，让所有开发的新产品都套用原品牌，就会面临两难选择：若进行品牌延伸，即使极为谨慎行事，采取了防范措施，也可能出现品牌形象淡化、每一种产品都缺乏个性而被对手各个击破的风险；若放弃某些领域的品牌延伸，则意味着必须放弃一部分市场。要解决这一难题，一个可行的办法就是企业要采取多品牌策略。

多品牌策略是指企业同时经营两种或两种以上相互竞争的品牌。多品牌策略主要包括两种情况：一是在不同的目标市场上，对同种产品分别使用不同的品牌；二是在同一市场上，对某种产品同时或连续使用不同的品牌。

对于餐饮企业而言，只有给品牌进行准确定位，找到一个狭小的市场空间，集中兵力形成优势，才有可能于狭小的市场空间中占据最大的市场份额。而餐饮企业的扩张又希望无所不为，于是，多品牌策略成了餐饮企业定位时的最佳选择。在个性化与多样化的消费潮流里，餐饮企业若能在深入的、科学的市场调查基础上，发展出多个品牌，且每个品牌都能针对某一细分群体进行产品设计、形象定位、分销规划和广告活动，那么各品牌的个性化魅力便能满足目标消费者的特殊需要，自然能获取这一消费群体的信赖和忠诚。

（四）新品牌策略

为新产品设计新品牌的策略称为新品牌策略。当企业准备推出新产品，但发现原有的品牌名称不适合或是对新产品来说有更合适的品牌名称时，企业需要设计新品牌。

小案例：
在文和友，不仅仅是美食

餐饮企业采用新品牌策略需要考虑新品牌促销费用与新品牌产品的预期收益；新品牌对现有品牌是否会造成直接冲击；分散的品牌力量是否会影响企业产品的总体市场占有率等。

餐饮企业应从菜肴特性、消费者特点、市场的特征、市场竞争情况等方面出发，慎重选择营销策略，争取达到理想的效果。

学习任务

1. 认识餐饮促销的含义及餐饮促销的作用。

2. 学习餐饮人员促销的含义、特点和基本形式；掌握餐饮人员促销过程。

3. 学习餐饮广告的概念和类型，知道如何计算餐饮广告所需要的预算，掌握餐饮广告的定制流程。

4. 学习餐饮营业推广的含义及作用，掌握餐饮营业推广的方式，学习如何策划一场成功的餐饮营业推广方案。

5. 了解公共关系的含义及构成，明白公共关系在餐饮营销中的作用，知道如何确定企业的形象，并作出相应的对策。

6. 学习CIS概念和构成要素，掌握如何为企业导入CIS，了解CIS各要素在餐饮企业中的运用。

7. 知道什么是餐饮品牌，学习餐饮品牌营销的含义和意义，掌握餐饮品牌营销策略。

任务总结

餐饮企业要在激烈的市场竞争中吸引更多的消费者，获取更多的利润，得到长久的发展，就需要合理有效的促销方式。通过本章节的学习，学生应能够更加明确餐饮企业在不同境遇和阶段下，所需要采取的促销方式和促销组合，并能够熟练掌握如何为企业导入不同的促销方式，帮助企业占有更多的市场份额，吸引更多的消费者。

实训项目

目标

1. 熟悉和掌握不同的促销方式和促销组合。
2. 能为处于不同阶段的餐饮企业成功导入相匹配的餐饮促销方式和促销组合。

内容与要求

1. 老师带领学生通过实地考察、员工访谈和网上收集资料的方式，调研分析餐饮企业当前的优势、劣势、机遇和威胁。
2. 结合餐饮企业当前现状，为其设计相匹配的促销方式和促销组合，并制订相应的实施方案。

组织与实施评价

1. 以项目团队为学习小组。小组规模一般是4~7人，分组时注意小组成员在知识、性格和技能方面的互补性，选出小组长以协调小组的各项工作。
2. 建立沟通协调机制，团队成员协作完成任务。
3. 各项目团队根据实训内容进行交流、讨论。
4. 评价与总结：各项目团队提交实训报告，字数不少于400字，指导老师根据报告进行评价。

复习思考题

一、填空题

1. 餐饮促销的方式有____________、____________、____________和____________。

2. 餐饮人员促销的基本形式是____________和____________。

3. 餐饮广告预算是指在一定时期内按销售额或实现的利润额的一定比例提取的广告预算总额。确定预算的主要方法有____________、____________、____________和____________。

4. 根据广告目标，餐饮广告可以分为____________、____________和____________。

5. CIS由____________、____________和____________构成。三个要素协调运行，相互整合形成CIS。

二、单项选择题

1. 餐饮产品定位是制定餐饮广告的第一步流程。因此，餐饮产品市场定位时应________。

A. 定位高　　B. 定位低　　C. 定位准确　　D. 定位不稳定

2. 根据餐饮市场调查所得结果，适当调整餐饮广告策略，以便更加符合实际，取得更好的营销效果。餐饮市场调查具体内容不包括________。

A.市场环境调研　　B.市场竞争性调研

C.消费者调研　　D.员工满意度调研

3. 公共关系由主体、客体和主客体之间的联系构成，其中餐饮公共关系的主体是________。

A.政府　　B.餐饮企业　　C.公众　　D.媒体

4. ________是企业形象识别系统的核心。

A.理念识别系统　　B.行为识别系统

C.视觉识别系统　　D.形象识别系统

5.餐饮品牌营销策略不包括________。

A.品牌延伸策略　　B.品牌扩展策略

C.多品牌策略　　D.品牌价值策略

三、简答题

1.餐饮促销的作用有哪些?

2.简述餐饮人员促销的过程模式。

3.餐饮企业公共关系的作用有哪些?

4.影响餐饮品牌形成的要素主要有哪些?

5.简述餐饮企业品牌营销的意义。

第九章　餐饮营销策划

学习目标

本章作为本教材的最后一章，旨在使学生掌握营销策划书的撰写方法。通过本章的学习，学生应了解餐饮营销策划的概念、类型，熟悉餐饮营销策划书的结构和内容，掌握餐饮营销策划书的撰写和制作技巧以及餐饮企业营销策划的要点；同时，学生应能够运用本章的知识对案例进行分析，能够为餐饮企业营销过程中的现实问题提供解决办法并撰写专项营销策划书。

关键概念

餐饮营销策划　综合营销策划　专项营销策划　内部策划书　外部策划书

案例导入

肯德基——可达鸭

肯德基作为一个优秀的外资餐饮连锁品牌，其成功离不开背后的营销团队。2022年5月21日，为喜迎六一儿童节，肯德基推出了风靡抖音、小红书、微信朋友圈的举着各种标语跳舞的黄色塑料鸭子——可达鸭。

起初，肯德基在微信公众号发了一篇文章，内容是购买指定的儿童套餐，可以随机获得一个玩具，比如皮卡丘冰壶等。但这些玩具的介绍中规中矩，只有可达鸭的介绍颇具特色。肯德基为可达鸭配的文案很生活化，它写的是“动次打次，广场舞跳起来”，所配舞曲音效也非常动感。再加上直播间宣传，这套儿童套餐一经发售，仅仅几天，“可达鸭”几个字就火爆微博，阅读量快速破亿。还没到六一，这款为了儿童节准备的营销套餐就在App上被抢购一空，甚至还有人去闲鱼这样的二手平台抢购。消费者把它抢回去干什么用呢？抢到了可达鸭的网友们纷纷开始二次创作，在它的胳膊上贴各种标语，或者把它换成各种更可爱的造型，让它随着舞曲跳舞。不管肯德基是有意还是无意，它在可达鸭这个玩具身上，保留了一点点共创空间，来让网友们去展现自己的小小个性。

这样一个成功的营销案例之所以能被采纳并得到推广，既需要灵感的迸发，也需要形成策划活动的书面文稿——营销策划书。写好营销策划书需要营销人员认真学习相关知识，掌握编制和撰写技巧。

（资料来源：百度文库，有改动。）

案例分析

餐饮营销策划是餐饮企业开展餐饮营销活动的依据和指导方针，要求餐饮营销人员运用所学，通过策划书的形式将餐饮营销活动反映在管理者和其他使用者或参与者面前。

编制一份结构完整、内容清晰、语言富有感染力的策划书是现代餐饮营销人员的基本功之一。

知识准备

第一节　认识餐饮营销策划

营销策划（Marketing Plan）是在对企业内部环境进行准确分析，并在有效运用经营资源的基础上，对一定时间内的企业营销活动的行为方针、目标以及实施方案进行设计和计划。

餐饮营销策划可以使企业管理人员及其他人员在从事营销活动之前对营销条件、定位、策略、实施等各环节有意识地进行深刻思考，进而从本质上提高抵御环境威胁的能力。作为企业发展的科学规划，餐饮营销策划有利于企业在某些因素发生变动时能够维持经营的连续性。餐饮营销策划中制定的每个环节的目标和任务，能有效激发企业员工的工作热情和责任心，保证工作效率和工作结果。

一、餐饮营销策划的概念

餐饮营销策划是餐饮企业营销人员或外部策划人员在分析餐饮企业营销环境并有效运用各种资源的基础上，对特定时间内的企业活动的行为方针、目标及实施方案进行全面或专项设计和计划的活动。

二、餐饮营销策划的原则

（一）效益性原则

餐饮营销策划必须以经济效益为核心。成功的活动营销策划，应该是在策划成本既定的情况下，取得最大的经济收益，或者花费最小的成本取得最佳的经济收益。

（二）操作性原则

营销策划的结果就是形成完整可行的策划方案。策划方案必须具有可操作性。可操作性是指策划方案能执行下去，对营销中做什么、怎么做、什么时候做、在哪里做、由谁来做等问题做出了周密的部署和具体安排。

（三）系统性原则

营销策划是一项复杂的系统工程。在营销策划时必须以系统论为指导，对企业营销的各种要素进行优化和整合。

（四）内容真实性原则

所做的调研必须要有事实依据，这样的营销策划才能符合市场环境并有利于企业根据自身状况实施营销活动。真实的营销活动便于打动消费者，使消费者建立对企业或品牌的信任。

（五）深入调研的原则

要进入市场做深入调研，了解竞争者，了解消费群体，并根据调研结果写出适合企业的策划方案。

（六）以消费者为中心原则

在餐饮营销策划中，要以消费者为中心，在产品、服务、环境等方面下足功夫，以吸引消费者消费。

（七）创意性原则

在同质化较高餐饮产品中脱颖而出的关键在于自身的特色与创意。根据自身优势做出有特色的产品，有利于消费者根据推广信息迅速决定是否就餐。餐饮企业的特色可以体现在用餐环境、菜品口味与样式、服务等方面。

三、餐饮营销策划的类型

根据策划活动内容和涉及范围的不同，现代餐饮企业营销策划可以分为综合营销策划和专项营销策划两种类型。

（一）综合营销策划

综合营销策划是指针对餐饮企业营销活动的全过程、全方位的策划，内容包括：营销环境分析和消费者研究，运用STP战略确定企业的目标市场及其市场定位，针对目标市场制定确保营业目标实现的4P营销组合策略，在此基础上进一步发展为实施方案。

进行综合营销策划，要求营销人员或策划者具备全面的餐饮营销知识与能力，综合性地进行全过程策划。现代餐饮企业年度营销计划就是一种典型的综合营销策划。

（二）专项营销策划

专项营销策划是指企业针对餐饮营销过程的某个环节进行策划的活动，包括餐饮企业营销过程的部分内容以及解决营销过程中所遇到的某些问题，如市场调研任务和模式策划、展示促销策划、餐厅环境策划、餐饮产品及服务策划等。

专项营销策划具有局部性的特征，是餐饮企业经常进行的策划。

常见的专项营销策划有以下几种。

1.调研策划

调研策划是根据餐饮企业某项特殊营销要求，针对市场调研的模式、方法、范围、时间、问卷、人员培训、经费预算、实施方案、成果运用等一系列问题进行的策划。

2.环境策划

就餐环境逐渐成为现代餐饮产品的重要组成部分，这已经成为市场营销人员的共识。一个好的环境可以起到烘托主题和调节气氛的作用。现代餐饮消费者对就餐环境还会有更高的期盼与要求。由此衍生出环境策划。

3.流程策划

流程策划是指对餐饮企业的厨房生产、前厅服务等业务活动的工作流程进行的策划。其目的在于通过完善流程，更好地为消费者提供服务，同时降低餐饮企业的营运成本。

4.菜品策划

菜品策划是指对菜品制作进行的策划。该策划力图通过原料和辅料的选用、色彩的搭配、菜品的造型、摆盘的造型、烹饪方法的选择、菜名的选用等，向消费者传递餐饮文化信息。菜品策划已经成为现代餐饮企业营销策划的重要内容。

5.菜谱策划

菜谱策划通常包括对菜谱重新组合形成主题菜谱或特色菜谱，对菜谱上的菜名重新命名，对菜谱进行款式设计、装帧设计等。现代餐饮营销策划还十分关注对菜谱更新规律的研究。

6.宴会策划

宴会策划包括根据目标客户的要求设计宴会菜品组合、宴会场景布置、宴会活动程序、与宴会有关的附加服务等。现代餐饮营销策划可以把宴会分成不同的类型，如生日宴、婚庆宴、会议宴等，并根据宴会类型制订不同的营销策划方案。

7.服务策划

餐饮产品包括有形的产品和无形的服务，二者缺一不可。餐饮企业的服务策划在餐饮营销中也很重要。服务策划要解决的问题是采取规范化还是特色化服务，选用什么特色、如何体现特色，以及相应的服务人员培训方案等。当然，这种策划方案可以选用多种形式。一般来说，服务策划依赖于餐饮产品的性质与特色，如果企业将服务模式与产品的有形展示结合起来，可以起到更好的效果。

8.促销策划

促销策划内容很多，包括广告策划、营业推广策划、人员促销策划等，凡是属于促销范围的策划都属于此范畴。促销策划在现代餐饮营销策划中使用频率较高。

四、餐饮营销策划的意义

（一）有利于商业模式转型升级

餐饮营销策划有利于为餐饮企业转型升级做准备。在餐饮企业众多的情况下，一些餐饮品牌新秀借助互联网进行营销，不断强化消费者对品牌的认知，与传统餐饮老品牌形成百花齐放的局面。

（二）促进品牌建设和品牌创新

做好营销策划可以让老品牌在深耕品牌的基础上，丰富产品内容，创新服务形式，依托老品牌做背书，不断开创新品牌。

（三）加强品牌影响力

餐饮营销策划有利于提升品牌影响力。在如今新兴品牌层出不穷的市场上，如果餐饮企业不在营销策划上下功夫，其品牌地位势必会下降。

（四）便于营销方案的落实与调整

营销策划方案中可以给出监测、调控营销活动的方法与时间，以便根据营销活动的实际效果，随时调控。

在企业没有营销人才时，企业想要做好营销策划，就需要借助外部的力量，寻找有经验的营销策划公司来执行策划工作，此时餐饮营销就更为重要。

小资料

瑞幸咖啡的翻盘策略

瑞幸咖啡（Luckin Coffee）上市于2017年，上市两年登上行业巅峰，之后因造假案遭受退市风波（2020年6月17日，瑞幸正式接受退市并重组团队，在很多人异样的眼光中挣扎求生），之后不到3年的时间，瑞幸走出了中国实体店史上经典的翻盘路，以一种更为强势的姿态“重返巅峰”。

近日，瑞幸咖啡公布了2022年全年财务数据，全年净新开门店2190家，同比增长36.4%，2022年净收入为132.93亿元，同比增长66.89%，利润为11.562亿元，全年月均交易客户数约2160万人，同比增长66.2%。

一、目标客户

（一）企业用户

企业用户暗含了很多信息——哪家公司的白领？哪个区域的白领？主要是针对哪些工作场景？其他咖啡馆都是做B2C的生意，瑞幸咖啡使用的更像是B2B的方式。

（二）白领小资

这类用户主要集中在“80后”“90后”等年轻群体，他们一般在外企、著名企业任职，或已经走向管理岗，多生活在一二线城市，享受生活，在意生活的质量，但苦于平时工作忙或其他原因，总是没有太多时间到咖啡店喝杯咖啡。

（三）新消费群体

这类群体可能不是咖啡爱好者，也不是真正懂咖啡的人，而是解决“价格和便利”之后，想要有新尝试的消费群体。

二、营销策略

（一）品牌营销

品牌的影响力在日常生活中可以见得，人们在选择房地产中介的时候就会想到链家，吃火锅的时候就会想到海底捞。瑞幸咖啡通过“小蓝杯”的视觉设计辅助消费者加深品牌认知，蓝色的视觉食欲感，鹿角的夸张与活力潜移默化地向消费者传递出“专业、新鲜、时尚”的品牌基调，进而还可以和大众熟知的“星巴克绿”形成鲜明对比，也匹配全球第三次咖啡浪潮的“精品蓝”趋势，强硬地在咖啡市场中创立新符号。

（二）赛马模式批量出爆款

瑞幸咖啡不断尝试推出有识别度的“出圈”新品，保持消费者的新鲜感，有接近瑞幸咖啡核心层人士称："生椰拿铁一个大爆款的收入，相当于瑞幸咖啡销量TOP20中其余19款单品的收入总和。"

瑞幸咖啡每款新品的诞生都要经历内部的赛马机制。赛马机制是一套严格的产品研发机制，它包含产品分析、菜单管理、产品研发、测试、优化5大流程，任何一个爆款的诞生，都是无数次失败的结果，但瑞幸咖啡乐此不疲。2022年4月，椰云拿铁上线第一周就卖出了495万杯，平均日销量超过70万杯，而且仅这一款产品的销量就接近星巴克全品类日销量（128.4万杯）的55%。

（三）利用私域流量，找对代言人、玩转社群营销

私域，就是那些直接拥有的、低成本甚至免费触达的用户。常见的私域流量平台有微信、小红书、抖音等。打开瑞幸小程序或App—福利引导页面—企业微信号—加入福利群，这就是瑞幸咖啡的私域流量闭环，它可以结合大数据自动定位门店并将客户分层。

瑞幸咖啡在冬奥会尚未举办之前签了谷爱凌作为品牌代言人，随后借助谷爱凌夺冠登上热搜，带动品牌连连出圈。

（四）以智能化、物联化不断提升效率

瑞幸咖啡把所有设备都物联网化，通过大数据分析得出门店营利的最低指标，让瑞幸咖啡的成本降到最低，实现利润的最大化。瑞幸咖啡的系统会根据门店近期的订单来进行进货量的智能计算，既能保障需求，又能保障产品的新鲜，避免造成不必要的浪费。

三、推广策略

（一）公众号引流

路径：底部菜单—福利引导—添加企业微信号—推送福利链接接引人群

（二）小程序及App

瑞幸咖啡的订单主要来源于小程序及App，通过在这两大平台支付成功后显示大额优惠券的方式，吸引用户点击进入引流页，最终转化至社群。

（三）线下引流

门店设有台卡、海报、易拉宝、人形立牌等，以优惠券为吸引点引导用户加入福利群。

（四）裂变引流

瑞幸咖啡福利官不定期向客户推送分享裂变小程序，比如邀请2人入群即可领取3.8折优惠券。

（五）根据用户属性定点发放优惠

上班族是瑞幸咖啡的主要客户群体，瑞幸咖啡根据这部分人的日常活动时间节点，

推送不同类型的优惠券及优惠套餐活动，频率为每天5~7条消息。比如8：30早餐商品推广、10：00微信推文分享、12：00五折活动、13：00咖啡系列推广、14：00瑞纳冰系列推广、15：30视频号分享、16：30种草分享、20：00瑞幸周边推广。

（资料来源：造假暴雷烧钱，瑞幸是如何逆风翻盘的？有改动。）

第二节　餐饮营销策划书的种类、结构和内容

一、餐饮营销策划书的种类

餐饮营销策划书可以根据策划书的目的等而有不同的形式。尤其是对不同的对象，策划书应有不同的内容。一般情况下，根据策划书的机密程度可分为内部策划书和外部策划书两种。

（一）内部策划书

内部策划书是绝密的，仅供企业决策者参考。

内部策划书应对以下七点进行详细的说明：

①策划执行过程中的人际关系对策；

②策划执行过程中的相关组织和团体对策；

③策划执行过程中的资金对策；

④策划执行过程中的障碍因素及消除对策；

⑤策划执行时的传播媒介管理；

⑥与策划执行有关的政府机构对接；

⑦与策划执行有关的法律问题。

（二）外部策划书

外部策划书是供参与营销活动的人员参考的非绝密文件。

外部策划书编写时应注意以下几点。

1.把握好保密的“度”

在外部策划书中不能透露策划的核心机密，但又必须让参与营销活动的人员对策划产生兴趣，明确自己在这项活动中的职责与行动方案。

2.站在对方的立场上编写，语气、思路都要让对方满意

正确使用敬语是对方案接受方的尊重，有助于双方合作交流；逻辑鲜明，采用提纲式编写，列明重点；不使用方案接受方不理解的言辞等。

3.以“互惠”的态度，指出策划书对方案接受方的好处

外部策划书中应明确体现出想要达到的目标效果，说明给方案接受方带来的好处，这样的营销策划书才方便被理解和采纳。

二、餐饮营销策划书的结构和内容

营销策划的内容和范围不同，策划书的繁简也不同，除了必需的项目，很多项目是可选的。策划者的能力不同，策划书的结构和内容也会有较大的差别。只要策划书能够向管理者、委托策划者、各部门员工等说明策划方案即可。从这个意义上说，餐饮营销策划书的结构并无定式。

餐饮营销策划书的主要项目与注意要点如表9-1所示。

表9-1　　餐饮营销策划书的主要项目与注意要点

项目	相关要项	注意要点
1.封面	（1）呈报对象 （2）文件种类、密级、编号 （3）营销策划项目名称	（1）封面纸张式样和质地 （2）标题要有吸引力，可以使用适当的副标题
2.前言	（1）营销策划的目的、意义 （2）营销策划书展现的内容 （3）希望达到的效果 （4）策划的过程、人员* （5）致谢*	（1）字数控制在500~1000字 （2）简明扼要，概括性强
3.目录	（1）标题 （2）副标题* （3）各章次（或部分）名称 （4）各节次（或问题）名称 （5）附加说明（或附件）*	每项后需附注页码
4.营销策划摘要	（1）策划背景与动机 （2）策划主题 （3）策划相关分析结果 （4）营销目标 （5）策划的策略和安排 （6）损益分析 （7）策划进度 （8）策划控制 （9）策划所需物资和场地* （10）附加说明（或附件）*	（1）各项内容应是对策划书主要内容的高度概括，基本要求是既反映全貌又简洁扼要 （2）篇幅控制在2~3页 （3）营销目标只适用于年度营销策划书

续表

项目	相关要项	注意要点
5.策划背景和动机	（1）餐饮企业的基本状况 （2）与策划相关的餐饮企业设备及服务项目 （3）餐饮企业的目标消费者 （4）当地交通和气候 （5）潜在消费者的增长形势 （6）营销策划的理念和动机	（1）该部分用于打动管理者 （2）该部分对策划本身的意义在于发现可能存在的约束条件
6.策划主题	（1）营销策划目标（财务目标和市场营销目标） （2）营销策划品的特征 （3）消费者对该策划品的需求	（1）策划品的含义之于策划的客体，可以是餐饮产品、促销活动计划、广告方案等 （2）策划中把握好三者关系：通过策划品的特征被消费者接受（符合需求），进而实现营销策划目标 （3）策划主题要有针对性，简洁易懂，且必须有视觉冲击力 （4）营销策划目标适用于年度营销策划以外的策划项目，因为它们的目标是既定的，所以列于此 （5）目标不能概念化，必须是能够量化的指标
7.营销策划相关分析	（1）餐饮企业的微观环境分析 （2）餐饮企业的宏观环境分析 （3）SWOT分析 （4）结论与建议	微观环境和宏观环境分析的因素及选择参见前文内容
8.现代餐饮营销策划目标	（1）财务目标 （2）市场营销目标	（1）本项目适用于年度营销策划书的编制。因其在相关分析基础上确定，故列于此。专项营销策划不需要该项目 （2）目标不能概念化，必须是能够量化的指标
9.营销策划策略及主要策略	（1）制定目标市场策略 （2）制定营销组合策略 ——产品策略 ——价格策略 ——促销策略 ——渠道策略 （3）营销预算	（1）目标市场策略要求明确进入的细分市场及其特征 （2）营销组合策略包含的内容根据策划内容确定，综合营销策划包含的组合因素多，专项营销策划仅需使用与现实策划目标有关的营销组合因素 （3）营销预算应注明金额、用途和理由
10.营销策划战术安排	（1）针对各项营销组合策略的具体行动方案 （2）策划进度表	将两方面结合撰写，将行动方案的内容、时间、期限、费用分配、责任人通过图表形式表示出来

续表

项目	相关要项	注意要点
11.项目风险表	（1）风险 （2）来源 （3）程度 （4）解决办法 （5）预计出现的时间	（1）只适用于专项营销策划 （2）要尽量列出风险项目 （3）解决办法应多些
12.损益分析	预测的损益表	尽可能与实际情况相符，禁止浮夸
13.营销策划控制	（1）执行过程的管理办法 （2）执行进度的管理办法	通常可将目标、行动内容、预算按月或按季度分开，便于监控
14.附加说明（或附件*）	（1）策划所需的物资及场地 （2）其他需说明的问题 （3）各项附件资料、图片等	附加说明有助于帮助理解策划方案的内容，或佐证策划方案的可能性，应予以重视

注：表中*表示可选项目，根据实际选择是否需要。

第三节 餐饮营销策划书的撰写和制作技巧

一、营销策划书的框架构建

对相关资料加以整理、分类后，在书写营销策划书之前，可用因果关系图（也称树状图）将策划的有关概念和框架汇集于一页内，呈现出策划的整体构想，其目的在于将核心问题、内外环境因素以及解决问题的思路清晰地展现出来。

二、营销策划书的版面设计

营销策划书版面设计的要点在于帮助使用者理解并接受策划。因此，营销策划书的设计应注意如下事项。

（1）确定版面的设计，包括每页标题的位置、版面中文字和图片的位置、页码的位置和设计等。

（2）目录的设计排列不应该一成不变，防止刻板老套。

（3）多运用图表等，并附注文字说明，增加可读性和感染力。

（4）通过每一页的策划识别符号来增加版面的美感。例如，不妨在标题前加上统一的识别符号或图案帮助识别内容。

（5）自行设计的文字符号将会产生意想不到的效果，应该适当加以应用。标题可以分为主标题、副标题、标题解说等，通过这种简练的文字，使营销策划书的内容与层次一目了然。

三、营销策划书的撰写原则

（一）逻辑思维原则

逻辑思维原则指营销策划书应条例清晰、尊重事实、切中要点、结论明确。例如，交代清楚餐饮企业策划背景，分析市场现状，把餐饮策划的中心目的全盘托出；对餐饮策划内容的阐述应条理清晰、简明扼要。

（二）突出重点原则

抓住餐饮企业营销中要解决的核心问题并进行深入分析，提出相应的对策。

（三）可操作原则

不能操作的方案无任何价值。不易操作的方案也必然要耗费大量人、财、物资源，致使管理复杂且效率低下。因此营销策划书提供的对策或方法一定要切实可行。

（四）创意新颖原则

新颖的创意是营销策划书的核心内容。

四、营销策划书的编写技巧

（1）在正式的营销策划书中，要附摘要和前言。前言的撰写应采用概括力强的方法，如采用流程图或系统图。

（2）在书写营销策划书之前，要在一张图表上反映出营销计划的全貌。

（3）巧妙利用各种图表。

（4）适当举证。举证既可以是正面的成功范例，也可以是反面的案例。

（5）利用数字说明问题。任何经济活动都应考虑经济数量关系，如销售额、利润率、市场占有率、价格等。在营销策划书中应注意利用数字来支撑观点、说明问题，在营销策划中也应有数量的计划安排。

（6）营销策划书的体系要井然有序，局部也可以用比较轻松的方式来表述。

（7）营销策划书的各部分之间要做到承上启下。

（8）要注意营销策划书版面设计的感染力。

小资料

广西玉林思拓广场艺术西餐厅营销策划

一、餐厅概况

广西玉林思拓广场艺术西餐厅是一家集西餐美食、书吧、艺术展览为一体的文化艺术餐厅，主营法餐、意餐。该餐厅的厨师长曾在上海四季酒店西餐厅、上海外滩3号法式西餐厅担任总厨，属于广西顶尖的法餐大师。餐厅定位是成为一家正统、高雅的西餐厅。

二、市场分析

随着玉林生活品质和人均收入的提高，玉林市内饭店数目持续增加，餐饮业的竞争不断加剧。而本来较为稀少的西餐厅也开始加入这场竞争，使得原本不大的市场变得更加的拥挤。如何把这个市场做大，如何使思拓广场艺术餐厅在这场竞争中获得更有利的优势是接下来要解决的问题。

据百度数据显示，玉林有16家西餐类的餐厅，如箱根、新蓝天等。这些餐厅与思拓广场艺术餐厅有较大的区别，而其中的博客来在经营品种、经营项目以及经销策略方面与百乐门相似，但是它们更倾向于街头小店，其经营面积、整体环境、气氛营造等方面远比不上思拓广场艺术西餐厅。

思拓广场艺术西餐厅位于江南路华商国际上海城C区，周边有上海城、香港城、玉林会展中心。这里虽然人流量比不上市区，但是人均消费不低。玉林西餐文化较一些发达地区而言是薄弱的，因此思拓广场艺术西餐厅在经营的同时应该注重对潜在客户如学生、情侣等的培养。

三、SWOT分析

（一）餐厅优势分析

思拓广场艺术西餐厅是玉林目前第一家集西餐美食、书吧、艺术展览为一体的文化艺术餐厅。厨师长是广西顶尖的法餐大师。西餐品质具有很大的优势。地处较繁华地段，而且还方便停车。

（二）餐厅劣势分析

建立初期没有进行宣传工作，尚未建立起市场形象，也没有稳定的消费客源。

（三）餐厅机会分析

综观玉林市场，提供相对正统的法餐、意餐的餐厅较少。而集餐饮、阅读和艺术展览的餐厅目前就只有思拓艺术广场西餐厅一家，功能要比其他餐厅更加突出。

（四）餐厅风险分析

潜在竞争者的加入，使市场竞争逐渐激烈。竞争者处于繁华路段，有较高的人流量。

四、目标消费者

思拓广场艺术西餐厅的目标消费者主要是学生、教师、情侣、“80后”“90后”知性女性。

（一）学生

数量多，基数大，没有自己的经济来源，但有一定的消费能力；勇于接受新事物；闲暇时间多，朋友聚会多。

（二）教师

群体特点：具有较高的文化修养，有一定经济能力。

消费动机：朋友聚会，休闲娱乐。

消费心理：追求温馨高雅的就餐环境，注重口味和心理感受。

消费水平：中低层消费。

（三）情侣

思拓艺术广场西餐厅除了餐厅外，还有书吧、艺术展览，这些都营造了一个安静、优雅的环境，适合情侣约会。

群体特点：有较固定的消费习惯，感性消费为主。

消费动机：约会，聚友，就餐。

消费心理：放松心情，幽静高雅，有特别的氛围。

收入水平：中高层消费为主。

（四）“80后”“90后”知性女性

群体特点：对于西方文化有一定了解，也愿意接触西餐文化，有较高的经济收入，有较固定的消费习惯，社交活动多。

消费动机：休闲娱乐，聚友，商务沟通。

消费心理：放松心情，幽静高雅，有特别的氛围。

收入水平：中高层消费为主。

五、餐厅具体营销方案

（一）功能策略

餐厅内设有餐厅、书吧及艺术展览区，那么在保证餐饮质量的前提下，应该使书吧和艺术展览区的功能凸显出来，让这两个元素能够更好地为营销服务。

要保证书吧内有相对完整的西餐文化类的书籍，如关于西餐特色、西餐礼仪的书籍，让消费者更好地了解西餐文化，循序渐进地培养书吧内的消费者成为忠诚客户，把书吧变成提高餐厅营业额的重要工具。

可以在书吧定期举办一些交流活动，如邀请外国友人与对西餐文化或西方文化感兴趣的人进行交流，提高餐厅在消费者心目中的档次，提高餐厅的社会形象。

可以举办艺术展览，如画展、摄影展和雕塑展等。

（二）产品策略

保证餐饮质量、创立特色产品。

保证产品原材料的卫生与新鲜，特别是原材料的采购和处理要符合规范，禁止使用不合格的原材料或其他配料。

严格按照各种制作工艺做好每一道菜，提高口感。精心制作情侣套餐、聚会套餐等，形成特色。

产品组合一：情侣套餐

划定情侣座位区，距离适中，给情侣们足够的空间。可以增加特色服务，如猜谜语或猜歌曲，如果猜对了就可以得到餐厅赠送的礼品或免费试吃的机会。

产品组合二：中午快餐

中午客流量少，消费者的午休时间也有限，这就要求出餐要快。中午快餐组合旨在满足这一需求。

产品组合三：周末特价

在周五晚上、周六、周日这三个时间段，推出优惠产品或提供特价服务。

消费者对象主要是情侣和小型聚会聚餐，事先要做好宣传等工作。

并且不能放过任何节假日，不断推出符合节日气氛的新产品。

（三）价格策略

每天都推出几种特价商品，以此吸引消费者。按照这一定价策略，使得消费者每天都能有新鲜的感觉。

（四）销售渠道策略

依据餐厅集餐饮、阅读和艺术展览于一体的特点，采用直接销售和一级销售渠道相结合的形式，且以前者为主。

（1）直接销售。对到餐厅就餐的消费者服务热情周到，在消费者心目中塑造一个餐饮正统，艺术层次较高的形象，维持稳定的客源。

（2）一级销售渠道。选择有实力的公司，与之建立合作关系，以利用其众多的客户资源有效地增加客流量。另外，建立电话或短信预订系统，提供及时地订餐和送餐服务。

（五）促销策略

促销的目的是吸引更多的消费者前来消费。首先要让消费者知道和了解到餐厅的产品和特色，所以广告投入是必需的，如何使广告能够真正地发挥作用是重点。当消费者来到餐厅后，餐厅应该利用一些促销手段，如代金券、VIP卡等，促使消费者进行二次消费。在拥有一定的忠诚消费者时，餐厅可以联合其他商家进行联合促销，使餐厅—商家—消费者达到三赢的状况。

1. 广告宣传

借助传统的广告宣传手段如发传单、发宣传册、附赠优惠卡等，能够在一定程度上提高餐厅的知名度和形象。借助微博、微信等软件进行广告宣传也可以在一定程度上提高餐厅的知名度和形象。餐厅还可以拍摄一段微电影，用图像和声音让消费者对餐厅有更加形象、具体的认识。

2. 追踪服务

做好会员管理工作，尊重会员、为会员提供更优质的服务。在某些特殊的日子及时给会员发送一条短信、一个问候，增进彼此的关系。尽可能记住每位会员的生日和地址，在会员生日之前寄去祝福和生日派对的计划和优惠券。

当餐厅拥有一定数量的忠诚消费者时，可以进行联合促销。联合促销是指餐厅与其他企业基于各自利益的考虑，以某种双方都能够接受的形式和动作手段共同进行市场沟通和产品推广。例如，餐厅与红酒供应商合作，举办"红酒节"。促销期间，餐厅不但供应优惠的红酒，而且对产品进行打折销售，从而为消费者提供更多的实惠。这种联合促销策略不但使红酒商获得了向目标市场有效推销产品的机会，而且带动了餐厅的其他相关产品和服务的销售，减少了餐厅单独进行促销时所要负担的促销费用。而红酒节也可以为消费者建立一个良好的交流平台，让消费者彼此间有一定的了解。也许不经意间，餐厅让两位或两位以上的消费者达成一次交易或一次合作。

3. 内部促销

在餐厅楼梯、门口等场所，宣传餐厅产品；餐厅特色产品和促销产品的宣传应该摆放于明显位置。举办艺术展览时，把展览的主题放在明显的位置，以吸引爱好艺术的消费者。培养全体服务员的促销意识，每月设置一名最佳服务员，对其进行奖励，激发员工的积极性。

（资料来源：餐饮营销策划书，有改动。）

第四节　餐饮营销策划的要点

一、准确识别问题

想要准确识别策划要解决的问题，策划人员可以从以下几方面考虑。

（一）策划人员要善于发现问题

只有那些对餐饮企业来说十分重要而且十分紧迫的问题，才能成为策划所要解决的问题。因此，策划人员只有训练自己的问题意识，提高自己发现问题、分析问题和解决问题的能力，才能做出优秀的策划。

（二）策划人员要弄清委托者的本意

应该围绕委托方的需求做策划，解决委托方亟待解决的问题。比如单项策划，就应该弄清委托者的本意是为了提高销售额，还是为了增加利润。

（三）策划人员要对策划对象进行深入的调查研究

餐饮策划对象具有差异性，这就要求策划人员的调查研究应有针对性。策划人员既要全面收集各种信息，又要学会过滤那些无关紧要的问题，以便集中精力对真正的策划对象做深入细致的调查。

二、明确策划主题

（一）过滤主题

具有强烈问题意识的策划人员可以发掘出很多策划对象，但并不需要把每一个策划对象都主题化。精心选择策划对象，把力量集中在必要的主题上是每个餐饮企业在做策划工作时都应当注意的要点。一般来说，企业确定策划主题时必须思考这些问题：该策划对象为什么被选为策划主题，如果针对该主题提出策划方案可能产生什么效果，自己是否具备完成该策划方案的能力。

（二）筛选策划对象

为了突出重点策划对象，要对很多问题进行过滤和筛选。筛选工作可以交给餐饮企业来完成，也可以由餐饮企业组织专门的专家委员会通过集体讨论来确定。

（三）使决策者或委托者接受策划方案

任何策划方案在拟定完成之后，要尽量得到决策者或委托者的认同。因此，策划人员在提出策划方案之前，应该做好充分的准备，使自己的策划方案能得到认可。

1.策划方案提交前的准备工作

提案前必须准备的事项如下。

（1）准备策划展示的设备和资料。现在一般采用多媒体投影展示策划材料，所以要做好各种准备，熟练操作相关设备。要注意展现效果的最佳化。

（2）准备好其他相关辅助资料。如录像、图标以及各种理论或领导讲话等，要准备充分。

（3）提前熟悉场地及座位等的安排，以避免临场心里紧张，影响演说效果。

2.策划人要学会巧妙阻击反对者的意见

阻击反对意见，可以做到“化敌为友”。在策划过程中，可以将评审人员或决策人员纳入策划工作小组，让他们以某种方式参与计划的制订，并把他们的意见或建议运用于策划之中。这实际上是把评审人员变成了“统一战线”的盟友。

三、成功执行营销计划的关键问题

现代餐饮企业要成功执行营销计划，关键的问题在于如何把营销策划书的策划方案转化为一系列的活动部署。为此需要做好下列几项工作。

（一）做好企业资源分配工作

在执行营销策划时少不了要利用餐饮企业各种资源（资金、人员等），为了保证策划得以顺利执行，需要做好企业资源分配工作。

（二）餐饮企业要充分做好组织工作

现代餐饮营销策划的执行要充分依靠组织力量，只有靠组织的支持和协助才能实现预期的目标。还要充分运用组织的力量，做好企业成员的协调与说服工作，争取获得组织团体强有力的支持。

（三）考核工作

餐饮企业的销售额、销售成本、利润和消费者满意度是考核工作的四个主要方面。在餐饮营销专项策划书执行过程中，需要从多个角度对营销业绩进行评价与考核，并随时根据评价与考核的结果做出适当的调整。通过考核，既可以防止策划意图的曲解，也可以避免环境的变化对策划的执行造成影响，有助于获得客观的营销效果。

学习任务

餐饮专项营销策划过程如图9–1所示。

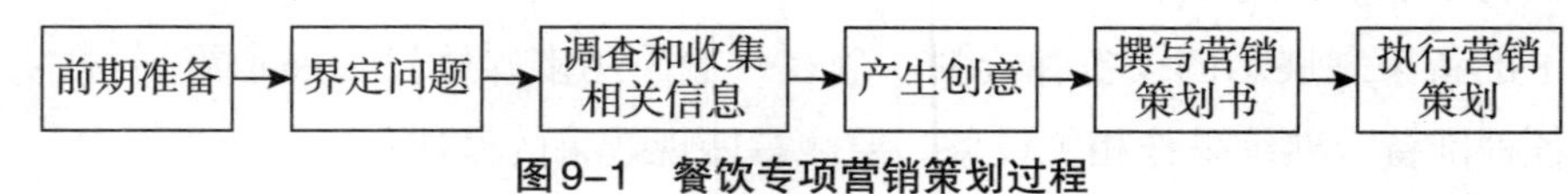

图9–1　餐饮专项营销策划过程

1. 前期准备

餐饮专项营销策划的复杂性相对于综合营销策划来说要小得多，专项营销策划的重点和关键在于如何把餐饮产品或某项服务销售出去。因此在进入正式策划之前，一般要确定策划项目的目标市场，并对目标消费者进行分析和选择。营销目标是营销策划的基础，营销策划是为实现营销目标服务的。营销策划的目的在于实现企业的经营目标。

2. 界定问题

界定问题是专项营销策划非常重要的一个步骤。问题界定不清，做出的策划可能达不到管理者或委托者的目的，甚至与其相左，这样的策划就不能被接受甚至注定会失败。为此，可以通过下列步骤界定餐饮专项营销策划面临的相关问题。

（1）寻找首要问题。

餐饮企业策划委托者在和营销策划人员交换意见时往往会涉及若干问题，但这些问题的重要性并不是等同的。营销策划人员应善于将面临的多个问题，根据策划的目的和要求进行重要性排序，找出首要问题。

（2）细分问题。

解决问题就要抓住问题的本质，要想找到问题的本质就要对问题不断进行细分，直至找到它的基本构成单元，这就使得问题的本质能够清晰地显现出来。这个办法就是平常所说的透过现象看本质。

（3）“刨根问底”法。

“刨根问底”法就是通过提出一系列的“为什么”，使答案变得越来越清晰，直至得到答案的一种分析方法。

3. 调查和收集相关信息

该步骤与综合营销策划收集信息的方式基本相同。只不过专项营销策划的信息收集工作要简单得多，更容易实施和操作。

4. 产生创意

产生创意是专项营销策划灵魂所在，策划方案的质量和风格都可以通过创意表现出来。

5. 撰写营销策划书

完整的创意构思完成后，就可以撰写营销策划书了。专项营销策划对策划书的撰写要求与综合营销策划的情况大致相同，主要区别是在结构上两者稍有不同。

6. 执行营销策划

策划方案通过后就进入了策划的执行阶段。策划的实施要以策划方案的实施计划为指导，因此策划的实施者要充分了解策划方案实施的内容。一个策划方案如果不能很好地实施，再好的策划方案也只是纸上谈兵。因此，策划人员要充分运用自己的组织能力、协调能力与说服能力，使各部门既能分工明确又能进行协作，通过企业团队整体战斗力的充分发挥，来实现既定目标。

小知识

策划人常用的五大思维模型

人与人之间的差距在于认知不同，策划也是如此，优秀的策划人脑袋中有各类营销思维，利用营销思维可以进行更快的思考，找到营销关键点。在营销过程中，需要掌握哪些思维？

1.3C思维

所谓3C就是消费者（Customer）、竞争者（Competitor）、公司（Company）三者首字母缩写，它是指从商业上的这三个角度去观察，找到经营关键点和成功要素。消费者角度包含市场规模、成长性、细分、需求、结构等；竞争者角度包括占有率、入行门槛、竞争者的强项等；公司角度包括市场份额、品牌形象、技术实力等。

2.逻辑树思维

逻辑树巧妙把整体事物放在最上一层级，然后从上往下依次分枝、逐层分解。如将“生物”用逻辑树进行分类，可分为动物、植物、菌类、原生动物等，动物又可分为哺乳类、鸟类、爬行类。逻辑树有利于更快整理出思路。

3.流程思维

在品牌策划中，遇到如何提高销售业绩问题，以餐饮行业为例，可分为进店前、进店时、离店后三大部分，针对消费者在每一个部分的行为进行研究，以提升消费者进店和下单金额的效率，快速提升业绩。

4.矩阵思维

矩阵图是整理信息时常用的方法，是帮助人掌握事物整体构造的代表性工具。将信息按两条轴做成图标，可以使复杂的内容视觉化。

如咨询行业的安索帕产品模型，根据增长率和收益将产品分为高收益高增长率、高收益低增长率、低收益高增长率、低收益低增长率四个维度，并根据这四个维度对企业产品进行盘点。

5.关系思维

判断一个行业需要判定不同结构之间的关系，以波特五力模型为例，当新品牌想切入新业务时，需要面对现有竞争者、间接竞争者、潜在竞争者和替代竞争者，此时用关系思维更容易找到事物之间的联系。

以上五种思维方式是日常工作经常遇到、使用的思维，有利于我们思维的构建，帮助我们进行策划思考。

（资料来源：策划人常用的五大思维模型，有改动。）

任务总结

餐饮营销策划是餐饮企业营销活动的一项重要工作，分为综合营销策划和专项营销策划两类。综合营销策划以企业年度营销策划最为常见，是网络整合营销与传统营销的结合，是一整套完整的营销策划应用于网络媒体与传统媒体的综合营销解决方案。专项营销策划是针对某一特殊问题制定的策划，主要包括调研策划、环境策划、流程策划、菜品策划、菜谱策划、宴会策划、服务策划、促销策划，是餐饮企业经常进行的策划活动。

餐饮营销策划书是餐饮营销策划的主要表现形式，可以分为内部策划书和外部策划书两种。营销策划书的内容和结构及撰写制作技巧则是营销策划人员要掌握的基本功，尤其是专项营销策划书的撰写，应当注意结构和内容的完整性，突出营销方案的主题与亮点，并保证所有资料真实可靠，方案便于落实。

实训项目

目标

撰写一份餐饮专项营销策划方案。

内容与要求

1.以节日促销或宴会促销为主题。

2.以小组形式完成，小组人员不得多于3人。

组织与实施评价

1.确定策划目标，小组人员明确分工。

2.收集相关资料，确定策划思路。

3.撰写策划书。

复习思考题

一、填空题

1.餐饮营销策划可以分为____________和____________两种类型。

2.餐饮营销策划书根据机密程度有____________和____________两类。

3.正式的营销策划书，要附____________和前言。前言的撰写最好采用____________的方法。

4.餐饮营销策划书的封面包括____________，文件种类、密级、编号，____________三个部分。

5.界定餐饮营销专项策划面临的相关问题的方法有____________、____________、____________三种。

二、单项选择题

1.餐饮专项营销策划中使用频率最高的营销活动是________。

A.宴会策划　B.促销策划　C.服务策划　D.菜品策划

2.专项营销策划具有________的特征。

A.整体性　B.流畅性　C.协调性　D.局部性

3.在餐饮营销专项策划书执行过程中，需要从多个角度对营销业绩进行评价与考核，餐饮企业的销售额、销售成本、________和消费者满意度是考核的四个主要方面。

A.利润　B.美誉度　C.企业文化　D.组织管理

4.营销策划书的前言部分应包括营销策划的目的和意义、营销策划书展现的内容、希望达到的效果、________和致谢五个部分。

A.策划的背景和动机　B.策划的过程和人员

C.策划的主题　D.营销目标

三、简答题

1.常见的餐饮专项营销策划有哪些？

2.餐饮专项营销策划的步骤是什么？

3.准确识别策划要解决的真实问题，策划人员可以从哪些方面考虑？

4.餐饮营销策划书撰写技巧是什么？

5.餐饮营销策划书的版面设计环节有哪些事项需要注意？

参考文献

[1] 陈思.餐饮市场营销[M].北京：旅游教育出版社，2014.

[2] 陈云川，张洪刚.现代餐饮营销[M].南京：东南大学出版社，2008.

[3] 陈云川.餐饮市场营销[M].北京：高等教育出版社，2003.

[4] 戴桂宝.现代餐饮管理[M].北京：北京大学出版社，2006.

[5] 丁晗秋.巴奴与海底捞，产品与服务的路线碰撞[J].商业观察，2022（35）：13-15.

[6] 杜向荣.服务营销理论与实务[M].北京：清华大学出版社，北京交通大学出版社，2009.

[7] 方辉.餐饮企业营销模式与活动策划[M].广州：广东经济出版社，2015.

[8] 何丽萍.餐饮服务与管理[M].北京：北京理工大学出版社，2010.

[9] 鹤九.新餐饮营销力——一本书破解餐厅低成本营销密码 [M].北京：机械工业出版社，2020.

[10] 黄文波.餐饮管理[M].北京：对外经济贸易大学出版社，2007.

[11] 乐盈.饭店餐饮管理[M].重庆：重庆大学出版社，2002.

[12] 李伟萁，李光明.新编客户管理实务[M].北京：清华大学出版社，2016.

[13] 李文杜.市场营销实务[M].北京：机械工业出版社，2010.

[14] 梁东，刘建堤.市场营销学[M].北京：清华大学出版社，2006.

[15] 梁瑜，牟昆，李明宇.饭店管理概论[M].3版.北京：清华大学出版社，2019.

[16] 刘红一.服务营销理论与实务[M].2版.北京：清华大学出版社，2014.

[17] 刘伟.餐饮行业微营销实战攻略[M].北京：清华大学出版社，2018.

[18] 陆朋.餐饮服务与管理[M].北京：中国物资出版社，2009.

[19] 马刚，李洪心，杨兴凯.客户关系管理［M］.3版.大连：东北财经大学出版社，2015.

[20] 马开良.餐饮市场营销实务[M].北京：高等教育出版社，2015.

[21] 苗月新.市场营销学——理论与实务[M].2版.北京：清华大学出版社，2008.

[22] 秦永良.市场营销基本技能[M].2版.北京：中国劳动社会保障出版社，2020.

[23] 田雅琳，等.酒店市场营销实务[M].北京：人民邮电出版社，2010.
[24] 王晖，于岩平.旅游企业客户关系管理［M].北京：旅游教育出版社，2005.
[25] 王书特.可口可乐公司发展策略与商业模式分析[J].中国市场，2022（32）：88–90，198.
[26] 王文华.市场营销学[M].北京：中国物资出版社，2010.
[27] 王育科.唐长安城餐饮商家的花式促销[J].中国中小企业，2021（3）：47–52.
[28] 徐宝良，朱永松.餐饮营销管理细节[M].北京：中国宇航出版社，2007.
[29] 徐益.中国大陆第一条电视广告是如何诞生的[J].广告大观，1999（3）：31.
[30] 严伟，葛怀东.旅游饭店市场营销[M].3版.上海：上海交通大学出版社，2011.
[31] 杨柏欢，丁阳，李亚子.市场营销理论与应用[M].南京：南京大学出版社，2020.
[32] 杨沛霆.净雅的管理故事与哲理[M].北京：机械工业出版社，2009.
[33] 杨勇，程绍珊.餐饮新营销：经营管理全指导[M].天津：天津人民出版社，2019.
[34] 张燕.文和友：一家为城市文化而生的超级餐厅[J].中国食品工业，2021（19）：33–35.
[35] 赵西萍，等.旅游市场营销学——原理·方法·案例[M].北京：科学出版社，2006.
[36] 赵西萍.旅游市场营销学[M].2版.北京：高等教育出版社，2011.